Wenn Kinder beißen

Entwicklungs- und Bildungsort KITA
Achtsame und responsive Frühpädagogik

Herausgeberin der Reihe Entwicklungs- und Bildungsort Kita. Achtsame und responsive Frühpädagogik

Prof.in Dr.in Dorothee Gutknecht

Dorothee Gutknecht

Wenn Kinder beißen

Achtsame und responsive Handlungsmöglichkeiten

HERDER
FREIBURG · BASEL · WIEN

In der Reihe *Entwicklungs- und Bildungsort Kita: Achtsame und responsive Frühpädagogik* wird Wert auf eine geschlechtergerechte und inklusive Sprache gelegt. Im Interesse der besseren Lesbarkeit werden vorzugsweise neutrale Begriffe verwendet und da, wo dies nicht möglich ist, der Gender-Doppelpunkt. Wenn Personen eines bestimmten Geschlechts gemeint sind, wird die entsprechende Form verwendet.

MIX
Paper from responsible sources
FSC® C010798

Überarbeitete Neuausgabe „Wenn kleine Kinder beißen" 2024

www.herder.de

Fotos im Innenteil: Gudrun de Maddalena
Umschlagkonzeption und Gestaltung: Gestaltungssaal, Rohrdorf bei Rosenheim
Satz: Gestaltungssaal
Vignetten im Innenteil: © gagap27 - shutterstock, Lana Veshta - shutterstock, Sarunyu_foto - shutterstock, smx12 - shutterstock

Herstellung: Graspo CZ, Zlín
Printed in the Czech Republic

ISBN (Print) 978-3-451-39652-6
ISBN EBook (PDF) 978-3-451-83118-8
ISBN EBook (EPUB) 978-3-451-83148-5

Inhalt

Vorwort zur Reihe Entwicklungs- und Bildungsort Kita: Achtsame und responsive Frühpädagogik

In der Fachbuchreihe werden die Qualitätsmerkmale einer achtsamen und responsiven Frühpädagogik auf der Bezugsbasis des Konzepts zur Professionellen Responsivität nach Gutknecht (2010, 2024) thematisiert. Es wird der Frage nachgegangen, was achtsames und responsives Handeln im pädagogischen Alltag bedeuten:

- in den Lebensaktivitäten wie essen und trinken, schlafen und ruhen, ausscheiden, an- und ausziehen.
- bei herausfordernden Emotionen und Verhaltensweisen
- bei der Arbeit in typischen Entwicklungs- und Bildungsbereichen wie Sprache, Mehrsprachigkeit, Emotionen und Bewegung und MINT-Bereich
- in Entwicklungsberatung und Leitung

Die Bücher der Reihe behandeln mit Blick auf das jeweilige Buchthema:

1. das professionelle Antwortverhalten der Fachkraft gegenüber dem Kind, der Kindergruppe, Familien und Team
2. die inklusive Perspektive bezogen auf Kultur und Subkultur, Gender, Beeinträchtigung und Befähigung, Entwicklungsniveau und Alter, Werteorientierungen, Sprachen
3. die partizipative Gestaltung der Drehbuch-Skripts des Alltags
4. die Gestaltung von Mikrotransitionen
5. verbale//nonverbale Wege der Kommunikation, Wahrnehmung und Interaktion
6. Körperausdruck- und Körperkompetenzen (inkl. Handling)
7. Impulse zu einer verstehens-orientierten und stress-reduzierenden Pädagogik.

Achtsamkeit und Mitgefühl werden heute in der Frühpädagogik als globale Kompetenzen für eine inklusive Welt der Zukunft betrachtet (Singh et al. 2021). Die Reihe übersetzt hier Zukunftsthemen insbes. aus den sozialen Neurowissenschaften, der Demokratie-, Achtsamkeits- und Responsivitätsforschung in konkrete pädagogische Praxis. Der Responsivitätsbegriff umfasst auch kulturelle und gruppenbezogene Responsivität (Gutknecht, 2017, Waldenfels 2016).

Einleitung

Kinder, die andere Kinder beißen, stellen für Fachkräfte in Krippen oder Kitas eine große pädagogische Herausforderung dar. Kommt es zu ernsteren Bissverletzungen bei einem oder mehreren in der Gruppe oder tritt das Verhalten wiederholt auf, muss eine Vielzahl an Maßnahmen ergriffen werden,

- um dem Kind, das gebissen hat, alternative Handlungsstrategien zu vermitteln,
- um das Kind, das gebissen wurde, zu trösten und zu versorgen,
- aber auch um den Eltern beider Kinder angemessen zu begegnen, sie zu informieren und zu unterstützen.

Entwicklungspsychologisch betrachtet ist Beißverhalten insbesondere bei jungen Kindern im Altersspektrum von einem bis circa drei Jahren nicht ungewöhnlich. Doch bei kaum einem anderen Verhalten ist der Wunsch so dringend, es so schnell wie möglich „beenden" zu können.

Viele Kinder mit Entwicklungsverzögerungen, Kinder im Autismus-Spektrum, mit ADHS oder mit spezifischen Syndromen (z. B. West-Syndrom, Fragiles-X-Syndrom) zeigen bis ins mittlere und spätere Kindesalter noch häufiger Beißverhalten. Sehr oft handelt es sich dabei um selbstverletzendes Beißverhalten wie zum Beispiel Handbeißen. Hier stellt das Beißen meist eine Art emotionale Regulationshilfe zum Spannungsabbau dar. Häufig hängt dies zudem mit Wahrnehmungseinschränkungen oder -besonderheiten zusammen.

Beißverhalten von Kindern wird von den Eltern der Kinder in einer Krippen- oder Kita-Gruppe nicht einfach hingenommen. Sehr schnell wird von ihnen der Ausschluss des Kindes verlangt, das anderen Bissverletzungen zugefügt hat. Andere Eltern nehmen ihr Kind, wenn es gebissen wurde, sofort aus der Einrichtung, weil sie der Meinung sind, dass dessen Sicherheit dort ganz offensichtlich nicht gewährleistet werden kann. Fortgesetztes Beißen von Kindern in einem Gruppenkontext wird schnell auch zum Thema im Umfeld einer Einrichtung: Bei Leitung und Träger kommt es nicht selten zu Nachfragen, zum Beispiel von Kinderärztinnen und -ärzten, von Frühförderstellen und Fachdiensten.

Da Beißen bei Kindern gerade zwischen einem und drei Jahren häufiger vorkommt, sollten insbesondere die pädagogischen Fachkräfte, die in Einrichtungen mit dieser Altersgruppe arbeiten, gut auf den „Ernstfall" vorbereitet sein. Auch im inklusiv-pädagogischen Kontext ist eine Wissensbasis in diesem Bereich unabdingbar, um angemessen handeln zu können. Gerade bei Kindern mit

Beeinträchtigungen tritt selbstverletzendes, autoaggressives Beißverhalten nicht selten auf. Im vorliegenden Buch werden darum vielfältige Ursachen für Beißverhalten aufgezeigt und achtsame und responsive Strategien im Umgang damit vorgestellt. Mit Responsivität ist das Antwortverhalten der Fachkräfte gemeint, was bedeutet, dass sich die Fachkräfte in optimaler Weise auf das Kind, auf die Familien, aber auch untereinander im Team abstimmen müssen:

- Wie kann das professionelle Antwortverhalten der Fachkräfte gegenüber einem Kind, das gebissen worden ist ist, aussehen?
- Wie kann das Kind, das gebissen hat, darin unterstützt werden, ein angemesseneres Verhalten aufzubauen?
- Wie können Fachkräfte sich abstimmen – sowohl auf die meist aufgebrachten Eltern des Kindes, das gebissen worden ist, als auch auf die oft sehr erschrockenen, verunsicherten Eltern des Kindes, das gebissen hat?
- Wie können die anderen Kinder in der Gruppe und ihre besorgten Eltern vorausschauend in den Blick genommen werden?
- Was sollten Fachkräfte dabei beachten, wenn sie die Bedürfnisse eines älteren oder jüngeren Kindes beantworten?
- Wie kann ein beeinträchtigtes Kind angemessen beantwortet werden?

1.

Wenn das „Haut-Ich“ eines Kindes verletzt wird

Die Haut ist weit mehr als eine Hülle

Zur Bedeutung der Verletzung der Haut

Die Haut ist weit mehr als eine simple Hülle. Gerade bei einer Bissverletzung zeigt sich die enge Zusammengehörigkeit von Identität, Selbstbewusstsein und Haut. Der französische Psychoanalytiker Didier Anzieu (2022) spricht darum auch vom „Haut-Ich". Das findet in der Sprache einen deutlichen und lebhaften Ausdruck: Unser Ich wohnt in unserer Haut. Die Kulturwissenschaftlerin Claudia Benthien (2001) zeigt anhand unterschiedlicher Redewendungen auf, wie Haut und Identität zusammenhängen: „Ich fühle mich (nicht) wohl in meiner Haut" zeigt die Haut als die Hülle unserer Seele. Das Ich, das diese Haut bewohnt, scheint direkt unter dieser Oberfläche zu liegen. Wir sind dünnhäutig oder dickhäutig in der Begegnung mit der Welt. Die Haut ist unser ältestes Kontakt- und Verständigungsorgan (Montagu 2019).

Berührungen der Haut sind gerade in der frühen Kindheit eine zentrale Voraussetzung für das Wachstum und Gedeihen von Kindern (Grunwald 2017). Dies betrifft eine ganze Reihe an positiven Immunreaktionen durch Körperberührungen, aber auch Entspannung und der Regulation im Sinne von Angstabbau und Beruhigung. Stressentlastung in der Kita vollzieht sich besonders bei jungen Kindern in sensiblen und freudvollen verbalen Bewegungs- und Berührungsdialogen mit zugewandten pädagogischen Fachkräften: Bei diesen Begegnungen im Körperkontakt werden Anti-Stress-Hormone wie beispielsweise Oxytocin ausgeschüttet (Uvnäs-Moberg 2016). Kinder erlernen in der frühen Entwicklung einen kulturspezifischen Code, was soziale Distanzen, aber auch die Berührungen angeht. Anders und Weddemar (2002) beschreiben in ihrem Grundlagenwerk „Häute scho(e)n berührt?" qualitative und quantitative Merkmale, die eine gute Berührung auszeichnen:

Quantitative und qualitative Merkmale guten Berührens

nach Anders & Weddemar (2002, S. 160, geringfügig modifiziert)

1. Freiwilligkeit (Autonomie-Wahrung)
2. Angemessenheit von Druck und Dauer der Berührung
3. Stimmigkeit der Situation (sozialer Kontext, Hierarchie)
4. berührte Körperstelle (lokale Akzeptanz)
5. Vertrauen und Ehrlichkeit (soziale Akzeptanz, Sympathie)
6. Transparenz und Intention (Erkennbarkeit des Motivs)

Grenzen zwischen unterschiedlichen Typen von Berührungen werden jungen Kindern auch im Spiel deutlich, insbesondere in Rauf- und Rangel-Spielen (Beudels & Anders 2014), die von sanften Berührungsstilen bis hin zur regelgeleiteten kraftvollen Auseinandersetzung reichen.

In der Auseinandersetzung mit Beißverhalten ist vor diesem Hintergrund zu sehen, dass es auch hier klare Abstufungen gibt. In vielen Familien sind in der Begegnung mit dem jungen Kind zärtliche Beißspiele, zum Beispiel auf dem Wickeltisch oder beim Baden, eine durchaus verbreitete Praxis. Dieses Verhalten findet dort seine Grenze, wo Schmerz zugefügt wird, wo die Hautgrenze verletzt wird.

Das Beißen mit Verletzung der Hautgrenze wird daher als Verhaltensweise vollkommen anders bewertet als zum Beispiel schubsen, an den Haaren ziehen oder schlagen, denn hier wird die körperliche Grenze deutlich überschritten. Beißen hat für die meisten Menschen etwas Grausames. Bisswunden verheilen zudem nur sehr langsam. Die Spuren sind lange sichtbar, tief in die Haut eingeschrieben. Beißen wird daher als eine erheblich schlimmere und verstörendere Bedrohung wahrgenommen als andere Formen von Grenzverletzungen im Alltag einer Kindertageseinrichtung. Häufig kommen Bissverletzungen an prominenten, gut sichtbaren Stellen im Gesicht, an den Händen, im Schulter- und Armbereich oder am Rücken vor. Pädagogische Fachkräfte und Eltern, aber auch die Kinder in der Gruppe erinnern sich bei jedem Blick auf die Wunde des Kindes an den Vorfall. Die aufwühlenden Emotionen werden dadurch über einen längeren Zeitraum immer wieder neu aktualisiert.

Das Beißen kann beängstigende Bilder aufsteigen lassen: Beißen wird dann als etwas „Animalisches“ wahrgenommen, als eine massive Aggression. Die Eltern des Kindes, das gebissen worden ist, sehen die Kita dann nicht mehr als einen sicheren Ort für ihr Kind an. Auch andere Eltern in der Gruppe, die von den Beißvorfällen hören oder das Kind mit seiner Bisswunde sehen, können grundlegend in ihrer Entscheidung für eine Einrichtung oder generell für die frühe institutionelle Bildung und Betreuung verunsichert werden.

2.

Ist „Beißen“ eine Verhaltensstörung?

Der Wunsch nach Erfahrungssuche mit dem Mund ist bei jungen Kindern ein typisches Entwicklungsphänomen

Viele herausfordernde Verhaltensweisen, die gerade bei jungen Kindern auffallen, sind keine Störungen, sondern stellen einen regulären Teil ihrer Entwicklung dar. So schreien manche Kinder außerordentlich viel, andere haben Schlafstörungen oder erweisen sich bei den Mahlzeiten als extrem wählerische Kinder, die nur sehr wenige Nahrungsmittel akzeptieren und essen. Wieder andere Kinder fordern Eltern und pädagogische Fachkräfte insbesondere in der Autonomiephase durch massive Wutanfälle heraus, weitere fallen durch ein großes Spektrum unterschiedlicher Ängste auf. Wie lässt sich vor diesem Hintergrund das Beißverhalten einordnen?

2.1 Beißverhalten bei Kindern in unterschiedlichem Entwicklungsalter

Beißverhalten bei Kindern unter drei Jahren

Die großen internationalen kinderärztlichen Fachgesellschaften (z. B. Canadian Paediatric Society 2008, 2018) bestätigen, dass die Verhaltensweise „Beißen" bei Kindern im Alter von einem bis drei Jahren häufig vorkommt und dann ab drei Jahren in der Regel wieder verschwindet. Kinder in diesem sehr jungen Alter sind darauf angewiesen, dass ihre Bezugspersonen ihre Emotionen mitregulieren, weil sie dazu allein noch nicht in der Lage sind. Sie verfügen während dieses Entwicklungsstadiums nicht über die erforderlichen Fähigkeiten in der emotionalen Selbstregulation und haben eine sehr geringe Impulskontrolle (Holodynski 2006; Gutknecht 2010).

Auch der Perspektivwechsel fordert sie noch heraus: Das junge Kind kann mögliche Gefühle oder Absichten anderer beim Spielen nicht vorausschauend mitberücksichtigen. Auch die Möglichkeiten des verbal-sprachlichen Ausdrucks sind noch eingeschränkt, ebenso die Fähigkeit, Körpersprache in Anspannungssituationen wirkungsvoll einzusetzen. Das Beißen – da besteht im internationalen Diskurs Einigkeit (Canadian Paediatric Society 2018, 2008; Solomons & Elardo 1991) – gehört deshalb zu den Verhaltensweisen, die viele Kinder ab einem Jahr bis zum Alter von rund drei Jahren häufiger zeigen. Bei Kindern über drei Jahren kommt es deutlich seltener vor.

Doch wann ist das Verhalten Ausdruck oder Teil einer Verhaltensstörung? Die aktuelle Literatur unterscheidet die sogenannten internalisierenden Störungen, die mit eher „leisem“ Verhalten, mit innerem Rückzug verbunden sind und etwa mit Angststörungen oder Depressionen einhergehen, von externalisierenden Störungen. Letztere erscheinen eher laut und treten mit wütendem, aggressivem, oppositionellem Verhalten auf. Beißvorfälle werden dabei tendenziell den externalisierenden Verhaltensweisen zugerechnet. Diese Gegenüberstellung steht aber auch in der Kritik, da jedem Verhalten eine Kehrseite innewohnt. So betonen Mayer und Gutknecht im Fachbuch „Jedes Verhalten hat seinen Sinn“ (2022, S. 70):

> *Das Interesse für den internalisierten Teil einer externalisierenden Störung – gewissermaßen die Kehrseite der Medaille – kann so zu einem tieferen Verständnis der Person führen und Fachkräfte wieder in die Lage versetzen, sich dem Kind auf hilfreiche Weise zur Verfügung zu stellen, sich für seine Nöte zu öffnen.*

Gerade in Bezug auf das Beißverhalten ist zudem festzuhalten, dass auch introvertierte und schüchterne Kinder Beißverhalten an den Tag legen können.

Die aktuelle wissenschaftliche Literatur unterscheidet besonders beim Kind unter drei Jahren in Bezug auf das Verhalten zwischen Entwicklungsvarianten, Reifungsphänomenen und tatsächlichen Verhaltensstörungen (Benz & Jenni 2015; Jenni & Latal 2009).

Aus Wissenschaft und Forschung

Kindliches Verhalten kann drei verschiedenen Kategorien zugeordnet werden (Jenni & Latal 2009; Benz & Jenni 2015):

1. **Reifungsphänomene,** die in einem bestimmten Alter auftreten, dann aber auch wieder verschwinden (z. B. Wutanfälle in der Phase der Autonomie-Entwicklung)
2. **Entwicklungsvarianten,** die als auffällige Verhaltensweisen erkennbar sind, aber nicht das Ausmaß einer Störung haben (z. B. besondere Schüchternheit eines Kindes)
3. **Verhaltensstörungen** als auffällige Verhaltensweisen, die in ihrer Intensität, Häufigkeit und Dauer so gravierend sind, dass das Kind wesentliche altersgemäße Entwicklungsaufgaben nicht angemessen bewältigen kann

Diese Logik lässt sich allerdings nur bedingt auf das Beißverhalten von Kleinkindern anwenden, denn im Entwicklungsalter von einem bis drei Jahren können dafür sehr unterschiedliche Ursachen zugrunde liegen. So kann das Beißen ein Weg der Welterkundung sein, um die Umwelt besser zu verstehen, aber auch ein Mittel der Spannungsabfuhr bei Stressoren oder Frustration. Gerade wenn die verbalen und nonverbalen Möglichkeiten noch begrenzt sind, kommt Beißverhalten häufiger vor.

Wenn das Beißen über einen längeren Zeitraum andauert und schwerwiegende Auswirkungen auf das Kind oder seine Umgebung hat, kann dies auch auf ein tiefer liegendes Problem hinweisen. Bei einigen Kindern kann das Verhalten ein Symptom für emotionale Probleme, Kommunikationsschwierigkeiten oder sensorische Verarbeitungsstörungen sein. Eine Intervention hat vor dem Hintergrund der unterschiedlichen Ursachen immer das Ziel, dem Kind zu helfen, alternative Verhaltensweisen zu erlernen und angemessene soziale Fähigkeiten zu entwickeln. Jede Intervention muss auf die zugrunde liegende Ursache sorgfältig abgestimmt sein.

Als besonders besorgniserregend gilt, wenn das Beißverhalten als aggressiv motiviert einzuschätzen ist. Hier ist eine genauere psychologische Diagnostik erforderlich. Im aktuellen fachlichen Diskurs zu Verhaltensstörungen im Kindesalter wird mit einer gewissen Vorsicht betont, dass die enorme Entwicklungsdynamik im frühen Kindesalter immer zu berücksichtigen sei. Das Kind soll nicht schon im frühesten Alter negativ stigmatisiert werden. Da sich aber bereits ab 5 Jahren aggressive Verhaltensweisen als sehr stabil zeigen und nachweislich oft weiterhin auch in der mittleren Kindheit und Jugend auftreten, wird das Risiko einer Chronifizierung gesehen. Hier ist es wichtig, sorgfältig zu beobachten und früh zu intervenieren. Kitas benötigen eine gute Vernetzung mit anderen Fachstellen wie Frühförderung, kinderärztlichen Praxen, Erziehungsberatung, kinderpsychotherapeutische Praxen, um in der Entwicklungsberatung hilfreiche Hinweise geben zu können.

Vorschul- und Schulkinder

Anders als beim Kleinkind wird bei Vorschul- und Schulkindern durchaus eher von einem absichtsvollen und aggressiv motivierten Beißverhalten ausgegangen. Kinder in diesem Alter erforschen die Welt nicht mehr mit dem Mund und verfügen zudem bei regulärer Entwicklung über die Fähigkeit zum Perspektivwechsel. Es kann der Verdacht auf eine aggressiv motivierte Störung des Sozialverhaltens bestehen, die sich nicht allein durch Stressreduktion und weitere pädagogische Maßnahmen beeinflussen lässt. Betroffene Kinder zeigen häufiger neben dem Beißen auch andere aggressive Formen des Verhaltens. Da aggressives Verhalten ab 5 Jahren sehr stabil bleibt (siehe Seite 16), ist es besonders wichtig, frühzeitig Fachstellen einzubeziehen wie Fachberatung, Fachärzte und -ärztinnen für Pädiatrie, Erziehungsberatung, Beratungsstellen an Kliniken oder in Praxen für Kinder- und Jugendlichen-Psychotherapie, um eine genaue Abklärung zu leisten. Um angemessen zu reagieren, ist es außerdem wichtig zu beachten, dass nicht nur Entwicklungsmerkmale, sondern auch das Zusammenspiel von Temperamentsmerkmalen und Umwelt eine Rolle spielen können.

2.2 Beißen als „Misfit“: wenn Temperament und Umwelt nicht harmonieren

Die Wahrscheinlichkeit, dass ein Kind Verhaltensprobleme – zum Beispiel Beißverhalten – zeigt, steigt an, wenn die Erwartungen der Erwachsenen und die Bedürfnisse und Möglichkeiten des Kindes stark auseinanderklaffen. Dies konnte die Temperamentsforschung belegen, in der festgestellt worden ist, dass sich Bezugspersonen gut (= fit) oder weniger gut (= misfit) auf herausfordernde Temperamentsunterschiede bei Kindern abstimmen können (Chess & Thomas 2013; Largo & Jenni 2005; Benz & Jenni 2015). Eine Abstimmung gestaltet sich umso anspruchsvoller, je herausfordernder das Temperament eines Kindes ist. „Temperament“ meint hier nicht wie in der Alltagssprache, dass ein Kind besonders heiter, ein anderes eher melancholisch gestimmt ist, vielmehr steht im Mittelpunkt, wie intensiv ein Kind auf seine Umwelt reagiert oder antwortet.

Nach Chess und Thomas (2013) gibt es insgesamt neun Kategorien für das Temperament. Auf jede müssen sich Eltern und pädagogische Fachkräfte abstimmen. Im folgenden Kasten sind diesen neun Temperamentskategorien Fragen für die Reflexion im Kita-Team zugeordnet. Mit ihnen lassen sich die temperamentsbedingten Herausforderungen für die pädagogischen Fachkräfte leichter einschätzen.

Reflexionsfragen zu den neun Temperamentskategorien

- Aktivitätslevel
  Ist das Kind immer in Bewegung und sehr aktiv oder eher ruhiger, zum Beispiel beim Baden oder Spielen?
- Biologischer Rhythmus
  Wie vorhersehbar oder unvorhersehbar sind die Grundbedürfnisse des Kindes im Tagesverlauf, wie zum Beispiel Schlaf-Wach-Rhythmus, Bedürfnis nach Nahrungsaufnahme etc.?
- Annäherung oder Rückzug
  Zeigt das Kind positive Annäherung oder eher Rückzug und Ablehnung bei einem neuen Reiz? Lächelt das Kind und lässt es sich aktiv auf Neues ein oder reagiert es stimmungsmäßig abwehrend mit Weinen oder motorisch abwehrend mit Abwenden?
- Anpassungsfähigkeit
  Wie anpassungsfähig ist das Kind, wenn es mit völlig neuen Eindrücken konfrontiert ist?
- Sensorische Reizschwelle
  Mit welcher Intensität reagiert das Kind mit seiner Sinneswahrnehmung zum Beispiel auf Dinge, die es hört, sieht oder fühlt?
- Reaktionsintensität
  Wie intensiv reagiert das Kind? Zeigt es viele Wutausbrüche, zahlreiche dramatische Reaktionen oder eher eine milde Emotionalität?
- Stimmungslage
  Ist das Kind in der Regel freundlich gestimmt, lächelt es oft oder ist es häufiger unfreundlich, „ungnädig“, schwer zufriedenzustellen?
- Ablenkbarkeit
  Ist das Kind, wenn es spielt, sehr leicht durch Umweltreize ablenkbar?
- Aufmerksamkeitsdauer/Durchhaltevermögen
  Kann sich das Kind für eine bestimmte Zeitspanne aufmerksam auf etwas einlassen? Zeigt es Durchhaltevermögen, auch wenn Schwierigkeiten auftreten?

Die Abstimmungsfähigkeit der Bezugspersonen auf das Temperament eines Kindes wird auch von der Umgebung beeinflusst:

Beispiel

Mario, 2;6 Jahre, ist ein lebhaftes, oft unruhiges Kind. Er schläft zudem in der Regel nur kurz, was für die Bezugspersonen häufig anstrengend ist. Da Mario auf einem Bauernhof aufwächst, fällt seine größere Aktivität aber nicht so stark ins Gewicht, und es gelingt seinen Eltern sehr gut, sich auf ihn abzustimmen. Sie sind stolz auf ihren „kleinen Wirbelwind“. Würde Mario mit seinen Eltern in einer beengten, hellhörigen Wohnung in einem Mehrfamilienhaus aufwachsen, wäre die Abstimmung der Eltern möglicherweise auch durch Konflikte mit der Nachbarschaft sehr viel schwieriger.

Auch in Kita und Krippe kann der Faktor der Abstimmung auf Umwelteinflüsse und Umgebung eine Rolle spielen. Es gibt Waldkrippen, Kitas mit einem weiträumigen Außengelände, aber auch Einrichtungen, die sich in eher beengten Räumlichkeiten, zum Beispiel im dritten Stockwerk eines Mehrfamilienhauses, befinden, wo der Aufenthalt draußen zwar stattfindet, aber mehr logistischen Aufwand für die pädagogischen Fachkräfte bedeutet. Stress und Unruhe der Kinder fallen hier stärker ins Gewicht.

2.3 Beißverhalten bei Kindern mit Beeinträchtigungen

Insbesondere bei Kindern mit Beeinträchtigungen lassen sich oft selbstverletzende Verhaltensweisen im Kontext von Beißverhalten beobachten. Dies wird meist durch ein hohes Bedürfnis nach sensorischer Stimulation ausgelöst. Es ist hier zudem nicht ungewöhnlich, wenn verschiedene selbstverletzende Verhaltensweisen auftreten, die neben dem Beißen auch Kopfschlagen gegen Wände oder den Fußboden einschließen. Die Risiken von Selbst- und Fremdgefährdung können dazu führen, dass aufseiten der Eltern die Sorge aufkommt, dass ein Besuch in der Kindertagesstätte aus Sicherheitsgründen ausgeschlossen wird oder in Zukunft ausgeschlossen werden könnte.

In Krippe und Kita kann es hilfreich sein, den Bedürfnissen der Kinder nach Stimulation über wahrnehmungsorientierte Zugänge im Spiel zu begegnen. Dabei sollte ein besonderer Schwerpunkt auf den sogenannten Nahsinnen liegen (Ayres 2016). Tastsinn, Gleichgewichtssinn und Tiefenwahrnehmung sind hier zentral (siehe ausführlich Kap. 4.2 Sinneswahrnehmung und Raumgestaltung). Ebenso empfiehlt es sich, Mund- und Kauspielzeug als Regulationshilfe anzubieten (siehe Abbildung Seite 29). Bei den Gegenständen, die Kindern für akzeptable Beißerfahrungen zur Verfügung gestellt werden, sollte man vermeiden, Objekte wie Kleidung der Eltern oder vertrauter Personen zu verwenden, da das Beißverhalten von Personen entkoppelt werden muss. Bei einigen Kindern mit Beeinträchtigungen nimmt das Beißverhalten auch ab, wenn sie tiergestützte Therapie erhalten. Um diese Erfahrungswerte zu verifizieren, fehlt es allerdings noch an empirischer Forschung.

2.4 Auf einen Blick: Ersteinschätzung des Beißverhaltens

Beißverhalten bei Kindern bis zu drei Jahren ist grundsätzlich im Entwicklungskontext zu betrachten:

- Sprache steht in Konfliktsituationen noch nicht ausreichend zur Verfügung
- die Fähigkeiten zum Perspektivwechsel und zur Impulskontrolle sind noch nicht genügend gegeben
- das Auseinanderklaffen von Erwartungen der Umwelt und den Möglichkeiten des Kindes (Fit und Misfit) kann die Problematik verschärfen

Eine Verhaltensstörung wird bei einem Beißverhalten bei Kindern bis drei Jahre in der Regel nicht angenommen. Dennoch kann aggressiv motiviertes Beißen ein Entwicklungsrisiko darstellen. Aus diesem Grund muss möglichen Ursachen immer im Rahmen einer sorgfältigen Analyse nachgegangen werden.

Im Vorschul- und Schulalter wird Beißen als deutlich problematischer eingeschätzt, da Kinder die Folgen des Beißens, zumindest bei regulärer Entwicklung, zu diesem Zeitpunkt bereits einschätzen können: Die Welt wird nicht mehr mit dem Mund entdeckt und ein Perspektivwechsel sollte für diese Kontexte bereits entwickelt sein.

Zentrale Fragestellungen zur Einschätzung des Beißverhaltens

- Handelt es sich um ein Kleinkind, das Beißverhalten zeigt?
- Handelt es sich um ein Kind mit einer Entwicklungsverzögerung, das Beißverhalten zeigt?
- Ist das Kind älter als drei Jahre und zeigt Merkmale aggressiven Verhaltens, aggressiv motivierten Beißverhaltens? Beißt es absichtsvoll mit dem Wissen, dem anderen Kind Schmerz zuzufügen?
- Tritt das Beißverhalten im Kontext anderer Störungen als Autoaggression auf, zum Beispiel bei Kindern mit Beeinträchtigung?

3.

Bei den Ursachen des Beißverhaltens ansetzen

Es ist anspruchsvoll, die Absichten des anderen Kindes vorausschauend mitzubedenken

Wenn sich pädagogische Fachkräfte über das Beißen junger Kinder austauschen, stehen meist folgende Fragen im Mittelpunkt: Warum beißen junge Kinder und welches Antwortverhalten darauf ist wirkungsvoll? Wie oft kommt Beißen in der Kita eigentlich vor?

Leider gibt es kaum Zahlen zur Häufigkeit von Beißvorfällen in Kindertageseinrichtungen. Die kinderärztliche Gesellschaft Kanadas kommt auf der Basis von zwei älteren Studien zu dem Ergebnis, dass bei einer Einrichtung mit 60 Kindern bis zum Alter von drei Jahren täglich mit einem Beißvorfall zu rechnen ist, wenn sie Vollzeit betreut werden. Im Durchschnitt kommt es dabei alle acht bis zehn Wochen zu einem Beißvorfall, bei dem die Haut des Kindes, das gebissen wurde, so verletzt wird, dass Blut fließt. Bissverletzungen betreffen in den meisten Fällen die oberen Extremitäten und das Gesicht (Canadian Paediatric Society 2008).

Nach Kinnell (2019) lassen sich drei große Ursachenbereiche für Beißverhalten ausmachen:

- entwicklungsbedingte Ursachen
- umgebungsbedingte Ursachen
- emotional bedingte Ursachen

3.1 Entwicklungsbedingte Ursachen

Zur Entwicklung junger Kinder gehört es, dass sie ihre Welt mit dem Mund erkunden. Auch Zahnen und die Entwicklung der mundmotorischen Fähigkeiten können ein Grund für Beißverhalten sein. Mit dem Beißen kann sich ein Kind den Wunsch nach Erfahrungen von Ursache und Wirkung (Kausalität) und Selbstwirksamkeit, aber auch nach Aufmerksamkeit erfüllen. Möglicherweise nimmt ein Kind in der Gruppe den Erfolg einer solchen Strategie wahr und imitiert sie nach dem Motto: „Ich will auch so viel an Beachtung bekommen!" Die Verhaltensweise kann um sich greifen, und plötzlich sind es mehrere Kinder in der Gruppe, die beißen. Kinder, die im Bereich Sprache noch Lernende sind, können schnell frustriert sein, wenn es ihnen nicht gelingt, sich verständlich zu machen. Auch die Selbstregulation entwickelt sich erst nach und nach.

3.2 Umgebungsbedingte Ursachen

Ursachen in der Umgebung gehen oft auf Bedrängnissituationen in der Kita zurück. Bei manchen Kindern führen Enge und fehlende Rückzugsmöglichkeiten dazu, dass sie eher mit Beißen reagieren. Reizüberflutung durch zu viele Spielsachen, zu viele auf das Kind einprasselnde Eindrücke bei wenig Rückzugs- und Erholungsphasen können zu Stress führen, woraus das Bedürfnis nach Spannungsabfuhr entsteht. Zu wenig oder nicht altersangemessene Materialien können zu einer belastenden Unterforderung führen, Langeweile auslösen und ebenfalls Beißen zur Folge haben. Dies gilt auch, wenn junge Kinder zu lange warten müssen, übermüdet oder hungrig sind.

3.3 Emotional bedingte Ursachen

Wenn Kinder frustriert sind oder ihren Ärger ausdrücken wollen, es aber sprachlich noch nicht können, kann das wiederum Beißen zur Folge haben. Manche reduzieren über diese Verhaltensweise ihre Anspannung. Einige Kinder bauen mit Beißen Ängste ab, bei anderen ist das Verhalten durch den Wunsch nach emotionaler Aufmerksamkeit motiviert (Gutknecht 2024).

3.4 Verwobenheit der Ursachenbereiche

Die Einteilung in die genannten Ursachenbereiche bietet pädagogischen Fachkräften einen ersten Zugang zur Reflexion, hat aber auch ihre Grenzen: Entwicklung, Umgebung und Emotionen sind in vielfältiger Weise verwoben. Wenn Kinder ihre Gefühle noch nicht sprachlich ausdrücken können, ist das Beißen dann entwicklungs- oder eher emotional bedingt?

In Kapitel 4 werden auf der Basis einer internationalen Recherche Faktoren diskutiert, die die Wahrscheinlichkeit für Beißverhalten von Kindern erhöhen. Die Betrachtung einer einzelnen Ursache wie zum Beispiel „Zahnen“ ist ein didaktischer Weg, um in einer oft hochemotionalen Gesamtsituation hilfreiche Ansatzpunkte für das eigene Handeln zu finden. Dabei sind die Kinder, ihre Familien und die Kita in den Blick zu nehmen. Durch die Betrachtung einzelner wesentlicher Aspekte sollen pädagogische Fachkräfte in ihrer Selbst- und Teamreflexion unterstützt werden. Auf diese Weise ist es dann einfacher, Hypothesen zum Einzelfall abzuleiten und einen passgenauen Handlungsplan zu erstellen.

4.

Achtsame und responsive Strategien im Umgang mit Beißen

Um wirkungsvoll zu handeln, müssen pädagogische Fachkräfte responsiv handeln, also eine Beantwortungspädagogik entwickeln (Gutknecht 2024). Der Begriff Responsivität kann mit „Antwortverhalten" übersetzt werden. In der Bindungsforschung wird darunter verstanden, dass eine Bezugsperson

- die Signale des Kindes erkennen,
- angemessen interpretieren und
- prompt und feinfühlig beantworten kann (Ainsworth et al. 1979/2014).

Forschung zur Responsivität gibt es allerdings in vielen Disziplinen – von Politik bis Kunst, Architektur und Medizin sowie in Pädagogik, Psychologie und Philosophie. Responsivität kann sich danach auf Personen in jedem Lebensalter, aber auch auf Gruppen, Systeme und Organisationen beziehen. Immer steht im Mittelpunkt, wie gut eine Abstimmung gelingt: Wie gut stimmen sich Eltern auf ihr Kind ab, Künstler:innen auf das Publikum, Politiker:innen auf Wähler:innen, die pädagogische Fachkraft auf Eltern, Kinder und Team?

Im Konzept zur Professionellen Responsivität (Gutknecht 2010, 2024) sind die Forschungsergebnisse der unterschiedlichen Disziplinen einbezogen. Dadurch wird der enge Begriff der Bindungstheorie erweitert und besonders berücksichtigt, dass pädagogische Fachkräfte anders als Eltern unter den Rahmenbedingungen einer Institution handeln. Sie haben zudem nicht nur ein Kind vor sich, sondern eine ganze Gruppe. Kinder, die in einer Einrichtung durch Beißen auffallen, können aus jeder Kultur, aus jedem Milieu kommen. Beißverhalten kann bei Kindern mit und ohne Entwicklungsbesonderheiten oder Behinderungen auftreten. Sich auf diese Vielfalt an Unterschiedlichkeit abzustimmen, also responsiv zu sein, ist eine große pädagogische Herausforderung, die viel Wissen und Können erfordert.

Abstimmung bezieht sich jedoch nicht nur auf das Kind. Auch auf die Eltern und das Team müssen sich pädagogische Fachkräfte abstimmen, denn die Interaktion mit den Eltern und den Teamkolleg:innen hat Auswirkungen auf die Entwicklung und Bildung der Kinder (Clarke-Stewart & Allhusen 2005). In der pädagogischen Arbeit mit Erwachsenen basiert eine gute Abstimmung auf interkulturellen Kompetenzen, Strategien zur Gesprächsführung und Beratungstechniken. Wenn es um das Beißen von Kindern und den Umgang mit aufgebrachten Eltern geht, spielen zudem deeskalierende Verhaltensweisen eine große Rolle.

In der pädagogischen Arbeit mit jungen Kindern bedeutet ein professionelles Antwortverhalten die Fähigkeit, die intuitiven Verhaltensweisen, die die nahen Bezugspersonen wie Eltern typischerweise zeigen, bewusst und reflektiert einzusetzen (Papoušek & Papoušek 1995). Die responsive Fachkraft zeigt ein hohes Maß an Wärme, Humor und Freundlichkeit. Sie spiegelt die kindlichen Emotionen, Bewegungen, Lautierungen und hilft dem Kind, zu den alltäglichen Handlungen eine Art „Skript“ (= Drehbuch) zu entwickeln. Es lernt dadurch die Handlungsmuster und die dazugehörigen Worte, wie zum Beispiel beim Waschen, Essen oder Spazierengehen, kennen. Vielfach setzen pädagogische Fachkräfte auch musikalische Mittel wie selbst erdachte Singzeilen und einfache Lieder gezielt ein, um die emotionale Spannungslage des Kindes regulieren zu helfen. Das Singen eignet sich zur Spannungsmodulation und damit zur Abfederung von Stress.

Neben diesen grundsätzlichen Verhaltensstrategien benötigt die pädagogische Fachkraft Fachwissen und Handlungsstrategien speziell zum Thema Beißen, um sich genau auf diese Herausforderung hin abzustimmen. Im Folgenden werden Bedingungen beschrieben, die die Wahrscheinlichkeit von Beißverhalten erhöhen. Ihnen zugeordnet sind die möglichen pädagogischen Antworten. Da zahlreiche Aspekte berücksichtigt und ausbalanciert werden müssen, ist pädagogisches Handeln oftmals von Unsicherheiten geprägt. Die folgenden Vorschläge stellen daher eine Auswahl an Handlungsmöglichkeiten dar, die das Team kritisch auf den spezifischen Einzelfall in der Einrichtung anwenden oder anpassen sollte.

4.1 Emotionale Regulation und Mundmotorik

Zahnen

Manche Kinder reagieren mit Beißen, wenn sie zahnen. Sie haben das Bedürfnis, auf etwas Hartem zu kauen, denn dadurch werden Schmerzen, Juckreiz oder andere Missempfindungen im Mundbereich geringer. Auch wird so der Durchbruch der Zähne unterstützt. Das Herumkauen auf harten Gegenständen oder Nahrungsmitteln wie Karotten oder kühlen Gurken kann hier wie eine lindernde Massage wirken.

Vermutungen, dass das Beißen eines Kindes mit dem Zahnen zu tun haben könnte, basieren auf Beobachtungen: Das Kind sucht erkennbar mundmotorische Stimulation und möchte auf Dingen herumkauen und -beißen. Es steckt den Finger oder die Faust in den Mund. Ein weiteres auffälliges Merkmal beim zahnenden Kind ist der ausgeprägte Speichelfluss. Oft ist das ganze T-Shirt oder der Pullover nass. Halstücher sorgen dafür, die Nässe von der empfindlichen Haut des Kindes abzuhalten und so auch wunde Stellen zu vermeiden. Bei Kindern, die krabbeln, ist darauf zu achten, dass die Tücher nicht zu lang sind, um eine Verletzungsgefahr auszuschließen (keine Lätzchen!). Zur Symptomatik beim Zahnen gibt es viele Mythen. Eine interessante, wissenschaftlich fundierte Studie hat einige davon widerlegt (Macknin et al. 2000).

Aus Wissenschaft und Forschung

In Rahmen einer Studie untersuchten Macknin und sein Forschungsteam (2000), welche Symptome mit dem Zahnen junger Kinder tatsächlich verbunden sind. An der Cleveland Clinic in den USA untersuchten sie 125 gesunde Kinder zwischen vier und zwölf Lebensmonaten. Die Eltern hatten im Verlauf der Studie morgens und abends bei ihren zahnenden Kindern Fieber gemessen, alle Zahndurchbrüche notiert und in einen Fragebogen eingetragen, ob Symptome vorhanden waren oder nicht. Auf diese Weise wurden 19.422 Tage im Leben der Kinder erfasst.

Das eindeutige Ergebnis: Zahnen macht nicht krank! Es konnte kein Zusammenhang zwischen dem Zahnen und Infekten, Durchfällen, Husten oder Fieber nachgewiesen werden. Ein Kind kann zahnen und gleichzeitig einen Infekt haben. Die Gleichzeitigkeit beweist jedoch nicht, dass das Zahnen den Infekt verursacht hat. Folgende leichtere Symptome sind nach dieser Studie aber sehr häufig mit dem Zahnen verbunden:

- beißen
- vermehrter Speichelfluss
- reiben am Zahnfleisch
- reiben am Ohr
- erhöhte Erregbarkeit
- häufigeres Aufwachen aus dem Schlaf
- vermehrtes Saugen
- weniger Appetit auf feste Nahrung
- leicht erhöhte Temperatur

Bei der Vermutung, dass das Beißverhalten mit dem Zahnen zusammenhängt, wäre das erste Mittel der Wahl, dem Kind Dinge anzubieten, in die es hineinbeißen darf. Dafür eignen sich gut zu greifende Beißringe mit oder ohne Noppen. Sehr angenehm für zahnende Kleinkinder sind unterschiedlich geformte Gel-Beißringe, die gekühlt angeboten werden können. Um die empfindliche Mundschleimhaut nicht zu verletzen, müssen diese Beißringe vor dem Einsatz im Kühlschrank, dürfen aber nicht im Eisfach gekühlt werden. Im Optimalfall sollten sie eine ergonomische Form aufweisen, die also der Kieferform angepasst ist, um auch die hinteren Backenzähne zu erreichen (siehe Abb.).

Das Kauen auf einem Beißring wirkt wie eine lindernde Massage.

Kinder, die gebissen worden sind, reagieren häufig mit Ablehnung auf das Kind, das ihnen wehgetan oder sie sogar verletzt hat. Von daher sollten die pädagogischen Fachkräfte darauf achten, dass das Kind, das gebissen hat, keine weiteren Gründe für Ablehnung bietet. Da der Speichel eines zahnenden Kindes einen sehr unangenehmen Geruch entfalten kann, sollte deshalb in dieser Zeit ausreichend Wechselkleidung (T-Shirts/Halstücher) zur Verfügung stehen.

Entdeckungsreisen mit dem Mund

Junge Kinder erforschen viele Dimensionen ihrer Umwelt zunächst über den Mund. Ob Bausteine oder Krümel auf dem Fußboden: Alles, was ihnen ins Blickfeld gerät, wird mundmotorisch untersucht. Das Mundorgan ist dabei noch viel empfindlicher als die Hände. Das Kind kann einen Gegenstand mit dem Mund umschließen und etwas über seine Beschaffenheit erfahren. Es fühlt die Temperatur, die Oberfläche, die rau oder auch glatt sein kann, das Gewicht und die Größe von Gegenständen. Im Mundraum befinden sich Tausende von Sinnesrezeptoren, mit denen das Kind wahrnimmt. Über den Mund ist auch eine dreidimensionale Wahrnehmung möglich. Kinder, die zu lange aus der Flasche trinken, über einen großen Zeitraum den Schnuller verwenden bzw. an den Fingern nuckeln oder wenig harte Nahrung kauen, entwickeln oft eine Schwäche in der Mundmotorik. Das kann die Bewegungen und die Wahrnehmung in diesem Bereich massiv einschränken.

Wenn ein Kind das starke Bedürfnis hat, die Welt mit dem Mund zu erkunden, ist ein Materialcheck wichtig: Hat die Einrichtung genügend Spielsachen, die hier unterstützend eingesetzt werden können? Ähnlich wie beim zahnenden Kind eignen sich Beißringe in unterschiedlichster Form. Auch können harte Lebensmittel angeboten werden, wie Möhren, Kohlrabi oder kühle Gurkenscheiben. Da davon Stücke abgebissen oder abgebrochen werden können, ist hier die Kau- und Schluckentwicklung realistisch einzuschätzen und eine intensive Aufsicht notwendig.

In ihrem Beitrag zum Beißen als Regulationshilfe beschreibt Eßler (2018) die von ihr und ihrem Team entwickelte *Oldenburger Knabberkiste,* eine Holzkiste, die mit unterschiedlichen Mundspielzeugen und Explorationsgegenständen gefüllt und jungen Kindern mit besonderen mundmotorischen Bedürfnissen angeboten werden kann.

Für ältere oder beeinträchtigte Kinder mit erhöhten Kau- und Beißbedürfnissen gibt es heute Kauketten mit Anhängern zum Kauen in unterschiedlicher Stärke und Dicke, damit die Betroffenen nicht zu Selbstverletzungen wie exzessivem Nägelbeißen greifen oder auf ungeeignete Gegenstände beißen müssen. Für Stifte sind entsprechende Kau-Aufsätze erhältlich.

Im Zusammenhang mit dem Erlernen der motorischen Fähigkeiten beim Essen und Trinken ist zu beachten, dass das Festhalten von Nahrungsmitteln zwischen den Zähnen für junge Kinder eine wichtige Zwischenphase darstellt, um das Abbeißen zu lernen (Almotairy 2020). Festhalten und Loslassen sind grundlegende Themen, um zunehmend Kontrolle über die Muskulatur zu entwickeln, und hängen eng mit Anspannung und Entspannung zusammen: bei der Mundmotorik, aber auch Handmotorik und der Kontrolle über die Blasenmuskulatur. Die Entwicklungsthematik Festhalten und Loslassen kann in ihren mundmotorischen Ausprägungen auch Teil des Spiels sein. Kinder üben das Festhalten mit dem Mund, das Zubeißen oder Durchbeißen/Abbeißen im Alltag spielerisch. Jede Art von Beißspielen (z. B. ein tierisches Rollenspiel als Hund oder Krokodil) muss allerdings vermieden werden, wenn in der Gruppenbetreuung bereits problematische Beißvorfälle stattgefunden haben.

Günstig im Gesamtzusammenhang mundmotorischer Erfahrungen wirkt hingegen das Angebot von Spielsachen zum Blasen, wie zum Beispiel Seifenblasen, Musikinstrumenten wie Kazoos, Luftschlangen oder Strohhalmen. Aber die Erfahrungen, die die Kinder mit dem Blasspielzeug machen, sollten mit Erfolgen verbunden sein. Nicht jedes Kind kommt leicht damit zurecht. Blasen muss also gelernt werden.

Beißen ist bei Kindern, die mundmotorische Erfahrungen suchen, meist nicht mit tiefgreifenden (blutenden) Bissverletzungen verbunden. Oft erschreckt sich das Kind, das zugebissen hat, genauso wie das Kind, das gebissen worden ist. Zuweilen weinen bei einem Beißvorfall beide Kinder und benötigen auch beide Begleitung durch die pädagogische Fachkraft, die dabei hilft, die hohe emotionale Spannung wieder zu regulieren.

4.2 Sinneswahrnehmung und Raumgestaltung

Selbstregulation in der sinnlichen Umgebung

In der Krippe oder Kita ist die Umgebung so zu planen und zu gestalten, dass die Kinder in ihrer Fähigkeit, sich selbst zu regulieren, eine möglichst umfassende Unterstützung erfahren. Eine Umgebung kann zu stark stimulieren, eine Reizüberladung verursachen und durch zu wenig Rückzugs- und Ruhemöglichkeiten Kinder überfordern, was diese dann unter Umständen mit Beißen zum Ausdruck bringen. Eine Umgebung kann aber auch unterstimulierend wirken. Langweilen sich Kinder grundsätzlich darin, erleben sie das als quälend und belastend, was auch zu Verhaltensweisen wie Beißen führen kann. Die Analyse von Umgebungsfaktoren zielt deshalb in erster Linie darauf ab, mögliche Stressoren zu erkennen und abzubauen.

Angemessene sensorische Stimulation

Fachkräfte sollten zum einen die Sinneseindrücke analysieren, die das Kind im Tagesablauf zu verarbeiten hat, und zum anderen die Art, wie es diese Verarbeitung bewältigt. Unterschieden werden nach der Einteilung von Ayres (2016):

- Nahsinne wie Gleichgewicht, Tiefenwahrnehmung und taktile Wahrnehmung
- Fernsinne wie Sehen und Hören
- Riechen und Schmecken, die eine Art Zwischenposition innehaben

Obwohl man heute nicht mehr davon ausgeht, dass insbesondere die Entwicklung und Funktionen der Nahsinne die wichtigsten Voraussetzungen einer normalen kognitiven Entwicklung darstellen, spielt die Art und Weise, wie Kinder wahrnehmen, im pädagogischen Alltag nach wie vor eine sehr große Rolle. Kinder wie Erwachsene beantworten Sinneseindrücke in unterschiedlicher Weise; sie suchen oder vermeiden Wahrnehmungserfahrungen:

Beispiel

Peter liebt es, ganz schnell auf dem kleinen Karussell im Kreis zu fahren; er kann gar nicht genug davon bekommen. Seinem Freund Moritz wird schon bei einem sehr langsamen Tempo schlecht; er nutzt das Karussell im Außengelände der Kita kaum.

Nicoletta schmiert voll Begeisterung mit großen kraftvollen Bewegungen in der Fingerfarbe auf dem Papier herum; ihre Freundin Bea tippt nur vorsichtig jeweils einen Finger in die Farbe, spannt dabei die andere Hand an und verlangt dann recht rasch danach, die Finger am Waschbecken wieder sauber zu machen. Sie mag die kalte und feuchte Farbe nicht an der Haut.

Wenn Kinder beißen, ist sorgfältig zu beobachten, ob es Stressoren gibt, auf die das Kind reagiert: Lärm, Farbüberladung, grelles Licht, starke Gerüche ... Kindern mit einer herabgesetzten Wahrnehmungsschwelle schmerzt zum Beispiel schon normales Licht in den Augen, Lärm in den Ohren. Sie können in eine Art Notsituation kommen, weil sie die Wahrnehmungsintensität nicht ertragen. Bei anderen Kindern kann die Wahrnehmungsschwelle erhöht sein: Sie nehmen nur sehr kraftvolle Reize wahr. Fachkräfte sollten auch darauf achten, wenn Kinder eine Reizantwort auf Sinneswahrnehmungen zeigen, die abwehrenden Charakter hat. Sie krabbeln zum Beispiel mit zur Faust geballten Händen, um die Berührung mit dem Teppich zu vermeiden.

Das gezielte Herbeiführen von dosierten Wahrnehmungserfahrungen in beziehungsvollen Interaktionen kann den Stress mindern. Es sind die Erwachsenen, die in einer Einrichtung steuern müssen, wie viel oder wenig die Kinder an Stimulation über die Sinneswahrnehmung erleben. Dabei sind auch die situativen Zusammenhänge von Bedeutung: Was sieht, hört und fühlt das Kind bei den Mahlzeiten, was beim Übergang in den Schlaf, was in der Garderobe? Unterstützen die Sinneseindrücke die Erfordernisse in einer Situation oder stören sie? Wo liegen Möglichkeiten und Grenzen der räumlichen Ausstattung? Aus der Praxis der Kita-Arbeit berichten manche Einrichtungen beispielsweise von der ausgleichenden Wirkung eines veränderten Farbkonzepts:

Wir haben die gesamte Einrichtung umgestaltet mit hellen Erdfarben – die Wände und die Möbel. Die Buntheit kommt durch Spielgeräte, aber auch durch die Kinder mit ihrer farbenfrohen Kleidung. Es wirkt auf uns alle irgendwie ausgleichend, auf die Kinder und auf die Erwachsenen.

Bei manchen Kindern steht hinter dem Beißverhalten ein Bedürfnis nach sensorischer Stimulation. Pädagogische Fachkräfte sollten daher nach Wegen suchen, dies im Kita-Alltag zu berücksichtigen. Viele Kinder genießen es, wenn sie über unterschiedliche Materialien Sinneserfahrungen machen können und dabei in Beziehung mit anderen Kindern und der Fachkraft sind. Bei diesen Aktivitäten lässt sich auch häufig eine positive Beeinflussung des Gesamtklimas in der Gruppe feststellen. Die Kinder wirken ruhiger, zufriedener und ausgeglichener.

Taktile Wahrnehmungserfahrungen mit Materialien

Folgende Materialien laden die Kinder zu vielfältigen Sinneserfahrungen ein:

- Waschlappen/Frotteehandschuh
- Seidentücher
- Samttücher
- Watte
- Federn
- Fellreste
- Leder
- Schwämme
- Pinsel aller Art (Rasierpinsel, Malpinsel ...)
- Creme, Rasierschaum, Badeschaum
- Wasser und Sand
- Knete/Ton ...

Auch ausreichende Gelegenheiten zur Bewegung draußen und drinnen ermöglichen einen Stressabbau. Für viele junge Kinder bedeutet „Stillsitzen" einen wesentlichen Stressor und Angriff auf ihre Selbstregulation. Das Team sollte daher prüfen, wie Morgenkreise oder ähnliche Kreissituationen dem Entwicklungsalter entsprechend gestaltet werden können. Bei einer Entscheidung für ein Arbeiten im Kreis sollte eine große Toleranz in Bezug auf die Wahl der Position der Kinder (sitzen, stehen etc.) gelebt werden.

Frustrierend kann es für manche Kinder auch sein, wenn die Umgebung keine kognitiven Herausforderungen bereithält, keine Überraschungen, keine positive emotionale Spannung. Diese massive Unterforderung kann mit einem Spektrum an auffälligen Verhaltensweisen beantwortet werden; hierzu gehören unterschiedliche Formen von aggressivem Verhalten wie Beißen, Kratzen, Schlagen, aber auch Rückzug in Selbststimulation. Pädagogische Fachkräfte tragen deshalb Sorge dafür, dass das Kind Zugang zu interessanten Aktivitäten hat und ausreichend Impulse für die Weiterentwicklung seines Spielverhaltens bekommt.

Beengung und Bedrängung

Wie viel Raum einem Kind in der institutionellen Betreuung zuerkannt wird, unterscheidet sich in Deutschland von Bundesland zu Bundesland (Haug-Schnabel & Wehrmann 2012). Oft wird bei der Planung von Krippen und Kitas nicht bedacht, dass zu wenig Platz zu Bedrängungssituationen führen kann. Dieser sogenannte Crowding-Effekt erhöht die Aggressivität von Kindern und damit auch die Wahrscheinlichkeit, dass sie mit Beißen reagieren.

Es kann eine wirkungsvolle Maßnahme sein, den Raum umzugestalten und für mehr Rückzugsmöglichkeiten zu sorgen. Hierzu eignen sich besonders gut feste Polster, aber auch Holzgitter, mit denen man den Raum in Zonen aufteilen kann.

4.3 Tagesstruktur und Gestaltung der Übergänge

Tagesablauf und Spielumgebung können die Selbstregulation von Kindern stärken und stützen oder auch überstrapazieren. Sobald ein Kind mehrfach mit Beißverhalten auffällt, sollte die Tagesstruktur, so wie sie sich für dieses Kind darstellt, einer genauen Prüfung unterzogen werden. Dies ist nur gemeinsam mit den Eltern möglich, da der gesamte 24-Stunden-Rhythmus beachtet werden muss, wenn man einschätzen will, ob hier mögliche Stressoren vorliegen. Eine Tagesstruktur, die zu wenig auf die Bedürfnisse des Kindes abgestimmt ist, gilt als Risiko für Beißverhalten.

Beißen tritt zudem häufiger auf, wenn Kinder hungrig oder müde sind (Kinnell 2019; Poelle 2019), sowie in ungenügend gestalteten Übergangssituationen (Gutknecht 2024).

Beispiel

Elena schläft mittags immer nur sehr kurz im Schlafraum der Krippe. Das ist auch kein Problem, denn sie darf, wenn sie aufwacht, leise aufstehen und den Raum verlassen. Bei der Beobachtung, die die pädagogischen Fachkräfte aufgrund ihres Beißverhaltens durchführen, fällt auf, dass sie mehrfach nach dem Mittagsschlaf gebissen hat. In der Teamkonferenz wird vermutet, dass Elena dann hungrig war, da das Mädchen in aller Regel über eine Stunde warten muss, bis auch die letzten Kinder aufgestanden sind und es wieder eine Mahlzeit gibt. Das Team beschließt, Elena in den nächsten zwei Wochen gleich etwas zu essen anzubieten und flexibler mit den Tagesroutinen umzugehen.

Besondere Aufmerksamkeit für alle „Mikrotransitionen"

Eine besondere Aufmerksamkeit muss allen Übergängen im Tagesablauf der Kita gewidmet werden, den sogenannten Mikrotransitionen (Gutknecht & Kramer 2018; Gutknecht 2018a). Gemeint sind damit die Wechsel von Aktivitäten, von Räumen, von Spielpartner:innen oder von Bezugspersonen, zum Beispiel beim Schichtwechsel. Mit manchen der Übergänge sind auch Wartezeiten für die Kinder verbunden. Gestalten die Einrichtungen diese Phasen nicht Stressentlastend, können die Kinder sie als quälend und frustrierend empfinden. Das gesamte Gruppenklima kippt dann in eine Anspannung. Die Kinder weinen, schubsen oder beißen andere. Auch die pädagogischen Fachkräfte können in eine gereizte Stimmungslage kommen, wenn sie eine größere Gruppe von (Klein-)Kindern dabei unterstützen müssen, ihre Emotionen zu regulieren. Im folgenden Kasten „Aus Wissenschaft und Forschung" sind kritische Situationen bei den Mahlzeiten aufgeführt, die Beißen in der Kindergruppe befördern können.

Aus Wissenschaft und Forschung

Die Verhaltensbiologin Gabriele Haug-Schnabel (2012) konnte nach einer Auswertung von Mahlzeitenbeobachtungen in Krippen zeigen, dass es in folgenden Fällen zum Beißen vor oder nach dem Essen kam:

- Hungrige Kinder mussten „zu lange“ auf ihr Essen oder den gemeinsamen Start der Mahlzeit warten.
- Die Teller- oder Essenausgabe gestaltete sich zu laut und unüberschaubar.
- Kinder, die schon satt waren, mussten nach dem Essen sitzen bleiben (Langeweile, Müdigkeit).
- Kinder mussten, obwohl sie keinen Hunger mehr hatten, weiteressen bzw. aufessen.
- Beim Abräumen ging es laut und/oder unappetitlich zu.
- Es wurden überfordernde Anweisungen gegeben, die von den Kindern nicht verstanden wurden und Unruhe auslösten.

Die Garderobensituation

Sehr häufig ist die Garderobensituation stressbelastet. Beim Übergang von drinnen nach draußen oder von draußen nach drinnen liegen die Stressoren zum einen in der Raumgestaltung begründet, zum anderen in der pädagogischen Gestaltung dieses Übergangs. Lärm, Enge, Überwärmung, kratzende Stoffe, unerwünschte Berührungen – mit all diesen Reizen können Kinder konfrontiert sein, während sie sich stark konzentrieren müssen, um die motorischen Leistungen beim An- und Ausziehen zu vollbringen. So kann eine Gemenge-Lage entstehen, die als spannungsvoll empfunden wird und in der Beißen ein Ventil für die empfundene Überforderung darstellen kann.

Bei der Analyse der Situation hilft es zunächst, die Umgebung zu betrachten: Ist der Raum zu klein, der Platz zu gering? Die pädagogische Lösung liegt hier sehr oft im geschickten Gruppieren der Kinder. Nie sollten alle Kinder zur gleichen Zeit dasselbe machen. Spiele und Lieder können helfen, die Wartezeit in freudvoller Weise zu füllen.

Vorhersehbarkeit in den täglichen Routinen

Wenn Beißen eine Schwierigkeit darstellt, haben Fachkräfte die Aufgabe, die Zeit vor, während und nach einem Übergang genau in den Blick zu nehmen und auf mögliche Stressoren hin zu betrachten. Den meisten Kindern gibt die Vorhersehbarkeit in den täglichen Routinen die notwendige Ruhe und Sicherheit. Ein stabiler, regelmäßiger Plan hilft, ein Zeitgefühl zu entwickeln, und sichert die möglichst reibungslose Umsetzung der Aktivitäten. Veränderungen in den regelmäßigen Abläufen müssen mit den Kindern besprochen werden. Bewusst und positiv gestaltete Übergänge im Alltag (= Mikrotransitionen) können aus einem Tag voller Anstrengung und Schwierigkeiten einen harmonischen Tag werden lassen (Malenfant 2006; Gutknecht & Kramer 2018).

Das Bedürfnis nach Ruhe, Rückzug und Entspannung

Erkundungsverhalten und Lernen in einer Einrichtung sind immer auch mit einer erhöhten körperlichen und seelischen Anforderungsspannung verbunden. Ein junges Kind kann diese Gesamtspannung nicht unbegrenzt halten. Die pädagogische Fachkraft sollte darum sorgfältig auf den Wechsel von Anspannung und Entspannung achten (Seeger & Holodynski 2022). Einer Phase der Anspannung, auch wenn diese positiv gestaltet und mit vielfältigen Entdeckungen verbunden ist, muss eine Phase der Entspannung folgen. Viele Kinder benötigen Unterstützung, weil sie nicht rechtzeitig spüren, wann sie Ruhe und Rückzug brauchen. Ihre Stimmung kippt dann scheinbar plötzlich. Bei Kindern, die beißen, müssen Indikatoren für solche Momente rechtzeitig erfasst werden, um vorbeugen zu können. Kleinkinder können sich hier noch nicht selbst regulieren. Um einen Entspannungszustand zu erreichen, brauchen sie die pädagogische Fachkraft, die sich auf sie einstellt und ihren Erregungszustand mitreguliert (Holodynski 2006). Auch Kinder über 3 Jahren sind noch oft auf die Unterstützung der Erwachsenen in der Emotionsregulation angewiesen.

4.4 Erfahrungen mit Nähe und Distanz

In der frühen Kindheit erlernen Kinder den Umgang mit sozialen Distanzen: Wie nah darf ein anderer Mensch an mich herantreten? Welche Entfernung gilt in einem Gespräch als angemessen, zu nah oder zu weit? Wie nah darf ein Familienmitglied mir kommen, wie nah eine fremde Person? Die wissenschaftliche Disziplin der Proxemik untersucht solche Phänomene der sozialen Distanz. Was in der einen Kultur als aufdringlich und zu nah gilt, wird in einer anderen Kultur als vollkommen angemessen erachtet.

Kinder durchlaufen eine Entwicklungsphase, in der sie mit der Nähe und Distanz zu anderen Menschen spielen. Sie lernen erst, welche Abstände angemessen sind. Oft verteidigen sie in dieser Phase „ihr Gebiet", zum Beispiel im Sandkasten oder in der Garderobe. Sie setzen dabei auch Beißen ein, wenn sie die Grenzen „ihres Gebiets" verletzt sehen.

Beispiel

Arik spielt im Sandkasten mit den Förmchen. Er ist dabei nicht allein. Ganz in der Nähe spielen auch Natascha und Max, die immer näher an ihn heranrücken. Frau Schneider, die Erzieherin, beobachtet die Szene und macht die beiden auf den Jungen aufmerksam: „Natascha, Max, kommt weiter hierher! Schaut mal: Arik spielt da mit seinen Förmchen und hat gar keinen Platz ..."

Durch den achtsamen Umgang mit Nähe und Distanz im Dialog mit dem Kind wird ein Modell für die sensitive Begegnung mit anderen vorgelebt

Das Klima einer „Haltenden Umgebung"

Das vorausschauende Verhalten der pädagogischen Fachkraft, die den Kindern mit freundlicher Stimme Hinweise auf mögliche Konfliktbereiche gibt, unterstützt die Entwicklung von Perspektivwechsel und Empathie. Junge Kinder überblicken Situationen noch nicht, wenn sie ins Spiel versunken sind. Deshalb können viele Konflikte durch diese Art der vorausschauenden Assistenz gut abgefangen werden. Pädagoginnen und Pädagogen vermitteln das Klima einer „Haltenden Umgebung" (Winnicott 1969), indem sie sorgfältig darauf achten, dass das Spiel der Kinder vor Unterbrechungen und unnötigen Spannungen geschützt wird.

4.5 Spielen im „Entspannten Feld"

Eine Grundvoraussetzung für Spiel besteht darin, dass die pädagogischen Fachkräfte in der Kita Sorge für ein „Entspanntes Feld" tragen (Hauser 2016). In einem „Entspannten Feld" sind die Grundbedürfnisse eines Kindes befriedigt. Es ist ausgeschlafen, satt und entsprechend der Temperatur gekleidet. Auch ist das Kind nicht allzu starken Konkurrenzsituationen ausgesetzt. Eine Konkurrenz um Nahrung, Spielobjekte oder Spielpartner:innen kann als so bedrohlich wahrgenommen werden, dass Kinder dadurch kaum ins Spiel finden. Auch knappe Spielzeug-Ressourcen können die Aggressivität steigern. Kinnell (2019) empfiehlt aus diesem Grund, gerade von besonders beliebten Spielsachen Duplikate anzuschaffen und diese für die Kinder gut zugänglich aufzubewahren. Wenn Kinder kein „Entspanntes Feld" in der Einrichtung vorfinden, können sie mit Beißen reagieren. Gleichzeitig stellt das Beißen eines Kindes das „Entspannte Feld" für die anderen in der Gruppe infrage.

Hauser (2016) sieht es vor allem für nicht sicher gebundene und für Kinder mit besonderen familiären Belastungen als zentral an, dass die pädagogischen Fachkräfte sorgfältig auf Gefährdungen des „Entspannten Feldes" achten, damit sich diese Kinder auf das Spiel einlassen können. Probleme oder Ängste, die familiär bedingt sind, können zwar in Krippe oder Kita nicht einfach aufgelöst werden, dennoch sollte so etwas wie eine „problemfreie Insel" entstehen. Zur Herstellung des „Entspannten Feldes" gehören auch der Schutz vor störenden anderen Kindern sowie vor der Entwertung und dem Lächerlichmachen des eigenen Spiels. Hauser (2016) betont hier die Notwendigkeit eines rigorosen Gruppenmanagements bei gleichzeitig liebevollem Kontakt.

Im Zusammenhang mit dem Beißen ist das „Entspannte Feld" für alle Kinder in den Blick zu nehmen. Da gerade in der Freispielphase häufiger problematische Verhaltensweisen beobachtet werden können, ist konsequente Aufsicht erforderlich. Daneben sollte die Einrichtung unbedingt die Kinder gezielt unterstützen, die Impulse benötigen, um ins Spiel zu finden oder ihre Konzentration für das Spiel aufrechtzuerhalten.

4.6 Sprache und Körpersprache – Konfliktassistenz, aber wie?

Sprache und Körpersprache haben für den Alltag in der Kindergruppe herausragende Bedeutung und entscheiden darüber, wie schwierig oder wie leicht sich für ein Kind das Leben in der Einrichtung gestaltet. Dabei zeigen sich große Unterschiede in Bezug auf das Entwicklungsalter. Kinder im Alter von einem Jahr stehen beim Austausch und Spiel mit anderen Kindern noch ganz am Beginn der Entwicklung. Unter den Zweijährigen finden wir sowohl Kinder, die nur wenige Worte sprechen und als sogenannte Late Talker Besorgnis auslösen, als auch Kinder mit bereits umfangreichen sprachlichen Kompetenzen, die sich im Symbolspiel gut ausdrücken können und bereits Hauptsatz-Nebensatz-Konstruktionen bilden.

Emotionen bei anderen zu lesen und eigene Emotionen in Sprache oder Körpersprache auszudrücken sind Fähigkeiten, die sich erst nach und nach entwickeln. Es gibt viele alltägliche Konfliktsituationen in der Kita, in denen Kindern bei ansteigender Erregung, bei Empörung, Wut und Zorn die Worte fehlen. Um sie zu unterstützen, muss die pädagogische Fachkraft das hier benötigte Vokabular präsent haben und Sorge dafür tragen, es häufig anzubieten. Kurze Sätze erleichtern Kindern das Erlernen wirkungsvoller Kommunikationsformen. Denn auch Kinder, die schon sehr weit in ihrer Sprachentwicklung sind, können in Konfliktsituationen Schwierigkeiten haben, die bereits vorhandene Sprache auch einzusetzen.

Beispiel

Sebastian wippt schon eine Weile auf dem kleinen Löwen, als Minou dazukommt und den Löwen fixiert. Herr Berg, sein Erzieher, beugt sich nun zum Mädchen: „Na, Minou, möchtest du auch wippen? Du kannst sagen ‚Ich auch!‘ und dabei auf dich zeigen. Dann weiß Sebastian, dass du auch einmal wippen willst.“ Zu Sebastian sagt Herr Berg: „Schau, Minou möchte auch wippen; sie freut sich, wenn ihr abwechselt, erst du und dann Minou!“
Weitere Beispiele für das passende Vokabular könnten sein: „Jetzt ich!“, „Ich bin dran!“, „Ich bin an der Reihe!“, „Ich will auch mal!“, „Immer abwechselnd!“, „Erst du, dann ich!“

Die Stimme der Fachkraft, die Worte, die sie verwendet, die Sätze, die sie spricht, bieten dem Kind wichtige Orientierungen. Die gesprochenen Worte können zu einer Art inneren Stimme beim Kind werden, die ihm hilft, sich selbst zu regulieren. Viel häufiger als gemeinhin angenommen können Erwachsene für erwünschtes Verhalten ein eindeutiges Modell geben, um Frustrationen schon weit im Vorfeld abzufangen:

Beispiel

Kevin blickt immer wieder sehnsüchtig zu Paul und Marco, die mit den Trichtern im Sand spielen. Er ist ein schüchterner Junge und weiß nicht, wie er es anstellen soll, dass er mitspielen darf. Frau Sommer, die Erzieherin, nimmt seinen Wunsch wahr und auch seine Schwierigkeit damit: „Ja, Paul und Marco haben viel Spaß, nicht wahr? Du kannst fragen: ‚Darf ich mitspielen?'"

Wenn ein Kind laut „Nein" schreit oder ein Schimpfwort benutzt, sollte die pädagogische Fachkraft positiv reagieren. Es ist dann schon deutlich weiter in seiner Entwicklung als ein Kind, das beißt, schubst oder schlägt, um seinen Gefühlen Ausdruck zu verleihen. Die Entwicklungspsychologin Carollee Howes (2011) betont, dass körperlich aggressives Verhalten von den anderen Kindern in der Kita vermehrt mit körperlicher Aggression beantwortet wird. Agiert ein Kind dagegen auf der sprachlichen Ebene, wird sein Verhalten auch häufiger verbal beantwortet.

Selbstverteidigung

Wenn Kinder beißen, um sich selbst zu verteidigen, sollten Erwachsene neben sprachlichen auch körpersprachliche Strategien vermitteln. Das Kind kann sich breitbeinig hinstellen, die Hände in die Hüften stemmen und in dieser Körperhaltung laut „Nein!" rufen. Auch Stoppgesten wirken, also den Arm weit ausstrecken und dies mit dem Nein- oder Stopp-Ausruf verbinden. Machen die pädagogischen Fachkräfte diese Verhaltensweisen im Modell vor, können die Kinder sie als Strategien imitieren und verinnerlichen.

Achtung, Schlüsselwortverständnis!

Die Worte, die an ein Kind gerichtet werden, das beißt, müssen auf dessen Sprachverständnis abgestimmt sein. Das Sprachverstehen wird durch die intuitive Didaktik der Erwachsenen unterstützt (Papoušek & Papoušek 1995; Gutknecht 2024). So verlangsamen pädagogische Fachkräfte ihren Redefluss, betonen bestimmte Worte im Satz oder heben durch Pausen, die sie machen, Wörter hervor. Kinder nehmen oft das letzte Wort im Satz besonders stark wahr. Durch das Gesamt an intuitiven sprachlichen Verhaltensweisen der Erwachsenen bauen Kinder ein erstes Schlüsselwortverständnis auf. Wenn Erwachsene Schimpftiraden einsetzen und Kinder mit immer den gleichen Worten anschreien und ausschimpfen, verstehen die Kinder ihre Botschaft oft nicht oder falsch, da nur das Schlüsselwort verstanden wird (Kinnell 2008, 2019).

Beispiel

Erzieherin Frau Maler ist aufgebracht, weil Ayla (2;4) wiederholt ein anderes Kind gebissen hat. Mit lauter Stimme schreit sie Ayla an: „Nicht *beißen,* wir *beißen* nicht andere Menschen. Würdest du wollen, dass man dich *beißt?* Ich hab dir schon tausend Mal gesagt, dass du nicht *beißen* sollst. Wie oft soll ich es noch sagen: Du sollst nicht *beißen!*“ Ayla sieht sie mit großen Augen an.

Wird das Schlüsselwort Beißen so oft hintereinander ausgesprochen, kann es sogar als Aufforderung missverstanden werden. Viel zu schwierig ist im Beispiel auch die Aufforderung zum Perspektivwechsel: „Würdest du wollen, dass man dich beißt?“ Wenn das Kind selbst nicht gebissen werden will und das auch sagt, zieht es nicht unbedingt den logischen Schluss daraus, dass es dann auch andere nicht beißen soll. Verneinungen, gerade in Erregungssituationen, werden oft nicht verstanden. Geeigneter sind kurze Sätze, die das gewünschte Zielverhalten in Worte fassen oder klarer umreißen:

Beispiel

Die Erzieherin erläutert die Situation: „Oh, Monja, du bist ganz erschrocken. Du wolltest Nicolas einen Kuss geben. Du hast ihn mit deinen Zähnen gebissen. Das tut weh! Schau, du kannst den Mund zulassen, wenn du einen Kuss gibst."
Sie ermuntert Paul in kurzen Sätzen: „Paul, nimm deine Hände, wenn du Peter berühren möchtest. Sei vorsichtig dabei."

Pädagogische Fachkräfte können im Alltag jede Gelegenheit nutzen, um Gefühle sprachlich auszudrücken. Kinder, die noch nicht oder sehr wenig sprechen, profitieren davon, wenn die Strategien „Self Talking" (= selbst sprechen) oder „Parallel Talking" (= paralleles Sprechen) genutzt werden. Beim „Self Talking" begleitet die Fachkraft ihre eigenen Handlungen mit Sprache, beim „Parallel Talking" spricht sie gleichzeitig zu den Handlungen oder Aktionen des Kindes. Im Kasten sind diese beiden Strategien für den Bereich Emotionen beschrieben. Es ist insbesondere in der Arbeit mit Kindern günstig, die noch kaum über Verbalsprache verfügen, die beiden Strategien grundsätzlich viel im Alltag einzusetzen.

Emotionales „Self Talking"

Die pädagogische Fachkraft findet Worte für ihre eigenen Emotionen:

- „Oh je, jetzt bin ich aber ärgerlich, nie treffe ich das Tor!"
- „Ich bin ganz traurig, schau mal, der Vogel ist tot."

Emotionales „Parallel Talking"

Die pädagogische Fachkraft findet Worte für die Emotionen des Kindes:

- „Du bist wütend, weil Berat dir die Puppe weggenommen hat!"
- „Du siehst traurig aus, Susanna. Fühlst du dich gerade traurig?"

4.7 Emotionen als Herausforderung

Emotionen sind die erste „Sprache“, über die sich Babys mit ihren Bezugspersonen verständigen. Das Kind zeigt einen Emotionsausdruck und die Bezugsperson spiegelt ihn zurück. Über diesen spiegelnden Dialog baut das Kind aus den wenigen angeborenen Grundemotionen nach und nach ein großes Emotions-Repertoire auf, das es zeigen und das von anderen gelesen und verstanden werden kann. Erst im Alter von rund drei Jahren kann ein Kind auch die sogenannten sozialen Emotionen wie Scham oder Schuld empfinden, verstehen und ausdrücken.

Vermeidbar sind Konflikte im Umgang mit Kindern nicht: Ein Halten und in gewisser Weise auch Aushalten ist aufseiten der primären (die Eltern) und der sekundären Bezugspersonen (pädagogische Fachkräfte) gefragt. Erst mit der zunehmenden Regulations- und Sprachfähigkeit können Kinder Konflikte besser bewältigen.

Aufregung in angemessene Ausdrucksformen umwandeln

Beißverhalten kann bei jungen Kindern sowohl von positiven Emotionen wie Aufregung oder großer Freude als auch von negativen Gefühlen wie Ärger oder Angst ausgelöst werden. Beißen dient dabei unter anderem dem Abbau von emotionaler Spannung. Am häufigsten wird Beißen in der Kita im Zusammenhang mit den noch unzureichenden Ausdrucksmöglichkeiten diskutiert – als ein Mittel, um Frustration zu zeigen und auszuagieren. Für den Umgang mit Emotionen können die pädagogischen Fachkräfte ein reichhaltiges Spektrum an Ausdrucksmöglichkeiten als Modell für die Kinder zeigen:

Beispiel

Herr Ebinger nutzt jede Gelegenheit, um Aufregung mit den Kindern in angemessene Ausdrucksformen umzuwandeln. Er klatscht vor Begeisterung in die Hände und fordert die Kinder auf, mitzumachen. Genauso gibt er auch ein Modell für den Umgang mit Frustration: „Oh nein! Das ist ja blöd, immer treffe ich daneben!", sagt er zu sich selbst. Oder er spielt mit den Kindern das Spiel: „Ich mag es nicht, wenn ... Und du?"

Wann sollten Beißspiele unterbleiben?

Beißen gehört als Ausdrucksverhalten auch in den lustbetonten Dialog zwischen den nahen Bezugspersonen und dem jungen Kind. Spiele auf dem Wickeltisch sind oft mit zärtlichem Beißen verbunden: „Mmmh, der süße kleine Zeh, den knabbere ich mal an!" Diese Spiele haben auch einen aufregenden Aspekt, der sich in plötzlichem Spannungsabbau zum großen Vergnügen des Kindes auflöst. Bei einigen Familien sind Beißspiele Teil der Rauf- und Tobespiele: „Jeeeeeetzt fress ich dich!", ruft der Vater und verfolgt den fröhlich juchzenden Sohn über den Teppich. Pädagogische Fachkräfte beobachten diese Art des Spiels bei manchen Eltern auch beim Abholen der Kinder.

In dem Moment jedoch, wo Beißen ein Problem in der Kindergruppe darstellt, müssen Beißspiele unterbleiben. Junge Kinder können nicht verstehen, warum auf der einen Seite mit dem Beißen fröhliches Spiel, Gelächter und Humor entstehen und auf der anderen Seite daraus wütende Ausbrüche der Erwachsenen resultieren, weil das Verhalten inakzeptabel ist.

Ein Mittel, um Aufmerksamkeit zu erhalten

Kinder, die zu wenig Aufmerksamkeit bekommen, beißen in der Kita oft, um die Fachkräfte in einen gemeinsamen Dialog zu verwickeln:

Beispiel

Xaver hat Lydia gebissen, die nun heftig weint und schreit. Die Erzieherin, Frau Förster, kümmert sich um das Mädchen und überlässt es ihrer Kollegin, sich Xaver zuzuwenden. Der guckt ernst und schmiegt sich dann mit glänzenden Augen an die Erzieherin und sagt: „Nicht beißen, nein, nein, nicht beißen!“

Xaver hat erfahren, dass er innige und verspielte Momente mit der Pädagogin direkt nach einem Beißvorfall erleben kann. Er kann die kurzen dazugehörigen Sätze schon selbst sagen, verneinend dazu mit dem Kopf schütteln – für ihn gehören die von ihm gesprochenen Worte zum Skript eines solchen Vorfalls. Er beteiligt sich auch sehr gern an den Pflegehandlungen. Doch hier ist es eher kontraproduktiv, ihn in dieser Weise zu beteiligen, da es das Beißverhalten verstärken kann. Stattdessen sollte die Einrichtung sicherstellen, dass Kinder in jedem Fall ausreichende Beziehungszeit mit der pädagogischen Fachkraft haben und sich diese nicht „erbeißen“ müssen.

4.8 Der Wunsch, Kausalität zu erfahren – Ursache und Wirkung

Kinder ab einem Jahr sind äußerst aufgeschlossen für Spiele, bei denen sie Ursache und Wirkung erfahren können. Wenn sie beißen, machen manche die Erfahrung, dass sie auf diese Weise eine besonders intensive Form von Wirksamkeit erfahren können. Hier liegt die Schwierigkeit in der noch zu entwickelnden Fähigkeit zum Perspektivwechsel: Das Kind, das gebissen hat, fühlt den Schmerz, den es dem anderen Kind zugefügt hat, nicht. Es kann nicht erkennen, dass zwischen dem eigenen Verhalten und dem des betroffenen Kindes ein Zusammenhang besteht:

Beispiel

Darius (18 Monate) hat mit Marco (15 Monate) auf dem Bauteppich gespielt und ihn dann gebissen. Nun spielt sich ein Drama ab: Darius sieht, wie Marcos Gesicht ganz rot wird. Marco macht den Mund weit auf, sein ganzes Gesicht scheint nur noch aus Mund zu bestehen. Tränen spritzen aus seinen Augen. Er schreit sehr laut. Überrascht blickt Darius zur Erzieherin, die herbeigeeilt kommt. Sie lacht gar nicht ... Nun wird Darius hochgehoben und in die mit einem Holzelement umrandete Kissenecke gesetzt. Hui, das fühlt sich gut an. Dann geht die Erzieherin zu Marco, bückt sich zu ihm herunter und singt. Darius steht auf und tritt an das Gitter.

Manche Kinder sind entsetzt, wenn sie lautes Weinen, Schreien und Schmerz bei einem anderen Kind wahrnehmen. Darius hingegen zeigt eher Neugier und Interesse. Mit wachen Augen verfolgt er die Szene, die sich vor ihm abspielt. Pädagogische Fachkräfte beobachten ein solches Verhalten mit Sorge: Wie kann Darius vermittelt werden, dass sein Verhalten absolut inakzeptabel ist?

Handlungsweisen, die das beißende Kind subjektiv als Belohnung erlebt, müssen ausgeschlossen werden. Manche Kinder sind zum Beispiel sehr gerne in dem zonierten Bereich, in den sie nach jedem Beißvorfall abgesetzt werden. Für diese Kinder ist es wichtig, grundsätzliche Ruhe- und Abgrenzungsmöglichkeiten im Alltag zu schaffen. Es muss vermieden werden, dass Kinder sich Rückzug und Ruhe „erbeißen“ müssen. Neben der ernsten Reaktion der pädagogischen Fachkraft, die insbesondere durch den Klang ihrer Stimme ausgedrückt wird, und dem Vermeiden von unbeabsichtigten Belohnungen für das Beißverhalten, kann das Kita-Team auch proaktiv vorgehen. Hier empfehlen sich Spiele und Handlungen, bei denen die Kinder Wenn-dann-Beziehungen und damit Ursache und Wirkung auf eine sozial angemessene und so erlaubte Weise entdecken können.

4.9 Schwierigkeiten mit der Situation in der Kindergruppe

In den vergangenen Jahren stand in vielen Veröffentlichungen die Einzigartigkeit der Begegnung junger Kinder untereinander im Fokus. Den sogenannten „Toddler Style“ beim Spielen zeichnet Freude, Spaß und der besondere Humor der Kinder miteinander aus. Oft wird dabei jedoch übersehen, dass es auch negative Einflüsse im Gruppenzusammenhang gibt, insbesondere bei großen Gruppen. Beißen kann mit grundsätzlichen Schwierigkeiten eines Kindes in der Kindergruppe zusammenhängen. Wissenschaftliche Studien weltweit belegen (Dollase 2015), dass in den meisten Kinder- und Erwachsenengruppen zum Beispiel Andersartige ausgegrenzt werden, eine Hack- oder Rangordnung entsteht, aggressive Emotionen aufkommen und insbesondere Ungleichheiten in der wechselseitigen Beliebtheit festgestellt werden können. Für den Eintritt eines Kindes in die Krippe oder Kita gibt es deshalb keine Garantie, dass die positiven Aspekte der Gruppenbetreuung auch tatsächlich zur Wirkung kommen. Beißen kann so mit grundsätzlichen Schwierigkeiten eines Kindes in der Gruppe zusammenhängen.

Beliebt oder abgelehnt – das macht einen großen Unterschied

Die Erfahrungen, die ein Kind im Alter von einem oder zwei Jahren in einer Gruppe macht, unterscheiden sich sehr – je nachdem, ob es zu den sehr beliebten oder eher abgelehnten Kindern in der Gruppe gehört (Dollase 2015). Schon Kinder ab einem Jahr zeigen deutliche Vorlieben und Abneigungen. Sie mögen nicht nur manche Erwachsenen, sondern auch manche Kinder lieber als andere. Auch in einer Krippen- oder Kita-Gruppe bilden sich Sympathien, Antipathien oder Gleichgültigkeit aus. Einige Kinder ernten dabei überaus viel Sympathie, andere weniger. Manche erleben durch die anderen Kinder sogar Ablehnung, mit dem hohen Risiko, in der Gruppe isoliert und ausgegrenzt zu werden. Kinder, die viel Sympathie erfahren, die sich willkommen, akzeptiert und erwünscht fühlen, kommen mit mehr Freude in die Einrichtung als diejenigen, die negative Erfahrungen mit der Peergroup sammeln oder gesammelt haben. Die Einflussmöglichkeiten der Erwachsenen sind hier begrenzt. So gelingt es bei Weitem nicht immer, durch geschicktes Eingreifen und Steuern aus einem weniger beliebten Kind ein beliebtes Kind bei den Peers zu machen. Kinder, die von vielen gemocht werden, haben oft ausgeprägte prosoziale Kompetenzen. Es fällt ihnen leicht einzuschätzen, was andere möchten und auch können. Sie verfügen in aller Regel über gute Fähigkeiten in der Selbstregulation (Dollase 2015).

Frustrierende Erfahrungen des Nicht-gesehen-Werdens und noch fehlende oder ungenügende prosoziale Fähigkeiten können Ursache für Beißverhalten sein. Zudem kommt es vor, dass die Ursachen für die Ablehnung von den pädagogischen Fachkräften kaum zu ergründen sind und eventuell ein Wechsel der Gruppe überlegt werden muss. Im Zuge der sorgfältigen Beobachtung von Kindern, die mit Beißverhalten auffallen, sollte deshalb ein Soziogramm erstellt werden, das die Beziehungen des Kindes in der Gruppe grafisch abbildet. Das Soziogramm beruht nicht auf einer Befragung der Kinder, sondern auf den Beobachtungen der pädagogischen Fachkräfte. Es muss ermittelt werden,

- wie sich die Erfahrungen im Zusammensein mit anderen für das Kind, das beißt, gestalten,
- ob das Kind von sich aus Kontakt zu anderen aufnimmt, zu welchen Kindern und in welcher Weise (verbale oder nonverbale Kommunikation).

Die Eltern sollten diese Beobachtungen um ihre Einschätzungen zum Verhalten oder zu Äußerungen des Kindes ergänzen. Eine entsprechende Kopiervorlage, um die Spielkontakte in der Gruppe zu erfassen, findet sich im Anhang (siehe Seite 110).

Wenn sich die Rolle des Kindes in der Gruppe ändert

Die Zusammensetzung einer Gruppe kann sich aus vielen unterschiedlichen Gründen verändern. Ein häufiger Grund ist die flexible Betreuung von Kindern. Kinder, die bisher nur an wenigen Tagen die Kita besucht haben, kommen jetzt an jedem Tag. Kinder, die nur bis mittags die Einrichtung besucht haben, sind plötzlich den ganzen Tag da. Die Kinder werden älter, entwickeln sich weiter, verlassen die Nestgruppe und besuchen nun andere Bereiche der Einrichtung. Es kommen auch immer wieder neue Kinder hinzu, die mit ihrer Persönlichkeit eine Gruppe bereichern oder auch irritieren können. Die gesamte „Chemie einer Gruppe“ kann sich grundlegend verändern. Und an diese Veränderungen muss sich ein Kind anpassen.

Eine ruhige Gruppe mit jungen Kindern, die sich schon gut selbst regulieren können, kann sich durch das Hinzukommen neuer und den Weggang älterer Kinder in eine unruhige Gruppe wandeln. Dies hat Konsequenzen für die Abläufe im Alltag. Häufig müssen die pädagogischen Fachkräfte dann Routinen im Alltag wieder neu anpassen, um die Kinder in der Gruppe gut bei der Regulierung ihrer Emotionen unterstützen zu können. Möglicherweise macht sich das bei der Gestaltung der Mahlzeiten bemerkbar oder in der Begleitung der Freispielphasen. Kinder müssen sich auf Gruppenveränderungen einstellen, was erfahrungsgemäß einigen leichtfällt, anderen hingegen schwerer. Der Wechsel in der Zusammensetzung der Gruppe kann auch mit dem Verlust von Privilegien verbunden sein, wie das folgende Beispiel zeigt:

Beispiel

Timo besucht seit einem Jahr die „Krippe am Stadtpark“. Sowohl seine Eltern als auch die pädagogischen Fachkräfte beschreiben die zurückliegende Eingewöhnungszeit als unproblematisch. Morgens ging Timo ohne Schwierigkeiten in die Einrichtung und fühlte sich augenscheinlich wohl bei seiner Bezugspädagogin Frau Küster und den anderen Kindern. In den letzten Wochen ist es allerdings bei Timo mehrfach zu Beißzwischenfällen gekommen. Aus Sicht der pädagogischen Fachkräfte beißt Timo „ohne jede Vorwarnung“.
Durch die Analyse einer hinzugezogenen Supervisorin stellt sich heraus, dass Timo bisher das von allen verwöhnte Nesthäkchen der Gruppe gewesen ist und diese Rolle auch sehr genossen hat. Nach den Sommerferien aber hat er die vertrauten Kinder gar nicht mehr angetroffen, da sie die Gruppe gewechselt haben. Fünf neue Kinder sind stattdessen hinzugekommen, alle jünger als Timo, weshalb sie die volle Aufmerksamkeit der pädagogischen Fachkräfte, insbesondere auch von Frau Küster, fordern.

Belastende Erfahrungen in der Gruppe wie ein plötzlicher Verlust des Status oder das Erleben von Ablehnung können dazu führen, dass ein Kind seine Frustration und Hilflosigkeit, aber auch seine Empörung oder Wut über Beißverhalten ausdrückt. In Teamgesprächen sollten seine Kontakte zu den anderen Kindern thematisiert werden. Es kann auch hilfreich sein, das Kind über eine oder zwei Wochen sorgfältig in Bezug auf seine sozialen Kontakte zu beobachten und diese in einem Soziogramm (siehe Seite 110) festzuhalten. Möglicherweise muss als eines der letzten Mittel der Wahl über einen Gruppenwechsel nachgedacht werden. Für einen solchen Schritt braucht es jedoch deutliche Hinweise darauf, dass ein Kind tatsächlich einen sehr schwierigen Stand in der Gruppe hat und von den anderen abgelehnt wird. Die pädagogischen Fachkräfte sollten zuerst versuchen, über einen längeren Zeitraum die Peerkontakte durch Spielassistenz zu stärken und damit die Situation zu verändern. Diese Versuche müssen schriftlich dokumentiert werden, um das Vorgehen in puncto Wirksamkeit einschätzen zu können. Des Weiteren sind Elterngespräche zentral, denn ein Gruppenwechsel sollte von Familie und Institution gleichermaßen befürwortet werden. Der Wechsel darf nicht abrupt erfolgen, sondern muss über begleitete Besuche in der neuen Gruppe langsam vorbereitet werden.

5.

Erstellung eines Handlungsplans

Sorgfältige Beobachtung geht der Erstellung eines Handlungsplans voraus

Im Umgang mit dem Beißen junger Kinder hat sich die Erstellung eines Handlungsplans als günstig erwiesen, der auf der Basis dokumentierter Beobachtungen entwickelt wird. Die Beobachtungen erstrecken sich über circa zwei Wochen. In dieser Zeit versuchen die pädagogischen Fachkräfte, möglichen Verhaltensmustern auf die Spur zu kommen: Beißt das Kind in bestimmten Situationen? Immer am Vormittag? Immer vor dem Essen? Die Fachkräfte stellen Hypothesen zu den von ihnen vermuteten Ursachen auf. Darauf abgestimmt, entwickeln sie ein vorläufiges Konzept zum Umgang mit dem Beißen.

Mit den Eltern des Kindes, das Beißverhalten gezeigt hat, wird dann in einem Entwicklungsberatungsgespräch über die Situation zu Hause und mögliche Belastungsfaktoren dort gesprochen (zum responsiven Dialog mit Eltern siehe Seite 75 ff.). Die pädagogischen Fachkräfte stellen den im Team entwickelten Handlungsplan vor und bereichern ihn um Aspekte, die die Eltern einbringen.

Im Anschluss legt die Krippe oder Kita mit den Familien das weitere Vorgehen fest –insbesondere wie das Beißverhalten beantwortet werden soll – und setzt dieses für den vereinbarten Zeitraum (z. B. zwei Wochen) um. Das Kind braucht Zeit, um das abgestimmte Verhalten als solches zu erkennen. Bei gehäuften Beißvorfällen ist das Bedürfnis der pädagogischen Fachkräfte und der Eltern nach wechselseitiger Bestätigung des eingeschlagenen Weges groß.

Nach zwei bis vier Wochen reflektiert das Team gemeinsam die Erfahrungen. Die Fortsetzung des Vorgehens oder mögliche Veränderungen werden besprochen. Auch führen die Gruppenfachkräfte erneut ein Entwicklungsberatungsgespräch mit den Eltern. Wenn keine Änderung des Verhaltens erkennbar ist, sollte die Gesamtstrategie nochmals diskutiert werden. Möglicherweise benötigt das Kind noch mehr Zeit. Vielleicht befindet sich das Team mit seinen Hypothesen aber auch nicht auf dem richtigen Weg und muss erneut beobachten und sein Antwortverhalten umstellen. Oder war das Kind krank bzw. aus anderen Gründen oft nicht in der Einrichtung, sodass die Strategien nicht ausreichend wirken konnten?

Die sorgfältige Beobachtung sowie deren schriftliche Dokumentation sind zentrale Bestandteile des gezielten pädagogischen Handelns, auf die keinesfalls verzichtet werden sollte. Ohne Dokumentation kann ein Team nicht zuverlässig erkennen, ob es die passende Richtung eingeschlagen hat – zum Beispiel, wenn die Beißvorfälle zwar nicht gänzlich verschwinden, aber dennoch seltener auftreten. Leider wird zu oft wahllos eine Reihe verschiedener Strategien von zu kurzer Dauer ausprobiert und dann ohne jede Dokumentation wieder verworfen. Jede Fachkraft in der Kita muss wissen, auf welche Handlungsstrategien, auf welches Antwortverhalten man sich verständigt hat.

Im Folgenden sind Fragen aufgeführt, die sich zur Analyse eines aktuellen Beißvorfalls eignen. Die Fragen beruhen auf Beobachtungsvorschlägen aus dem Konzept der positiven Verhaltensunterstützung (Theunissen 2023). Im Anhang befindet sich eine entsprechende Kopiervorlage (siehe Seite 103).

Analysefragen zu einem Beißvorfall

in Anlehnung an Theunissen (2023, S.50).

- Was hat sich direkt vor dem herausfordernden Verhalten des Kindes ereignet?
- Wie verhält sich das Kind? Was macht es genau?
- Was hat sich direkt nach dem Verhalten ereignet?
- Wer hält sich in der Nähe des Kindes auf? Gibt es Schlüsselpersonen, andere Kinder und Erwachsene, die „zufällig“ immer da sind?
- Wo ereignet sich die Auffälligkeit (immer im Waschraum, immer in der Garderobe)?
- Welche Arbeitsmaterialien werden in der Situation genutzt? (Was sieht, hört, fühlt das Kind, welche Sinneserfahrungen macht es?)
- Wann tritt die Auffälligkeit auf? Lassen sich Rückschlüsse auf eine unangemessene Tagesstruktur ziehen? Auf Übermüdung? Auf Hunger? Tritt das Verhalten zum Beispiel immer am Morgen oder am Mittag auf?
- Welche Konsequenzen ergeben sich? (Erlebt das Kind stets eine Belohnung für das Verhalten in Form von Zuwendung, Körperkontakt? Wie lässt sich Zuwendung auf andere Weise sicherstellen?)

5.1 Die Akut-Situation: Handeln, wenn das Beißen gerade aufgetreten ist

Das Typische bei Beißvorfällen liegt darin, dass sie sehr oft schnell und direkt unter den Augen der pädagogischen Fachkräfte geschehen. Nur bei manchen Kindern kündigt sich das Verhalten tatsächlich gut sichtbar an und lässt sich durch Beobachtung im Vorfeld leicht abwenden. Wenn das Beißen eingetreten ist, entsteht eine spannungsreiche Situation, in der beide Kinder Begleitung benötigen: das Kind, das gebissen worden ist, und das Kind, das gebissen hat. Im Folgenden werden grundsätzliche Überlegungen zum Ablauf in der konkreten Situation vorgestellt. Als Grundlage dient das von Poelle (2019) entwickelte Ablaufschema, das hier angepasst und erweitert wurde.

Schritt 1: Verhalten stoppen

Das Stoppen des Beißverhaltens steht am Beginn jeder Maßnahme, wenn Beißen auftritt. Gerade wenn sich ein Kind am anderen festbeißt, muss die pädagogische Fachkraft die Kinder sofort trennen und eine räumliche Distanz zwischen ihnen herstellen. Um die Situation zu beruhigen, sollte die Fachkraft nicht stumm mit zusammengepressten Lippen agieren, sondern immer Worte für die Situation finden. Die Worte, die sich an das Kind richten, das gestoppt werden soll, müssen auf sein Sprachverständnis abgestimmt sein. Das bedeutet zum Beispiel, dass das Wort „beißen“ nicht oder wenig verwendet werden sollte, wenn das Kind hauptsächlich über Schlüsselworte versteht (siehe Seite 45).

Stopp-Sätze und kurze Aussagen für das gewünschte Zielverhalten

- Nein!
- Stopp, aufhören damit!
- Nimm deine Zähne weg von Mirko! Lass los!
- Nur die Hände nehmen!
- Warte kurz, wir sprechen gleich! Ich muss nach Mirko sehen.

Schritt 2: Zuwendung gegenüber dem Kind, das gebissen worden ist

Die pädagogische Fachkraft richtet sich mit Zuwendung und Trost an das Kind, das gebissen worden ist: „Oh, das tut weh. Anna hat dir mit den Zähnen wehgetan! Komm her, ich tröste dich." Wenn die pädagogische Fachkraft wütend und zornig auf das Kind ist, das gerade gebissen hat, drücken sich ihre Emotionen auch in ihrer Stimme und Körpersprache aus. Ein Kind, das Trost braucht, kann dadurch verunsichert werden, möglicherweise sogar annehmen, selbst etwas falsch gemacht zu haben. Es löst Irritation aus, wenn Fachkräfte, mit dem trostbedürftigen Kind auf dem Arm, ein anderes laut anschreien und maßregeln.

Bei einem Beißvorfall wird genauso getröstet wie in einer Situation, in der das Kind aus anderen Gründen eine Verletzung davongetragen oder einen Übergriff zu verarbeiten hat. Ein Kuscheltier oder eine Schmusedecke, die es von zu Hause in die Einrichtung mitbringt und die als Übergangsobjekte (Winnicott 1969) eine Brückenfunktion zum Elternhaus haben, wirken in hohem Maße regulierend. Besonders eignen sich aber auch attraktive Trostspender, die die Einrichtung extra für solche Situationen bereithält, wie zum Beispiel sogenannte Boo-Boo-Bunnys (siehe Abb. unten). Dabei handelt es sich um Frottee-Waschlappen, die in Hasenform gefaltet oder anderweitig verziert sind. Da ein Gummiband oder Band zur Befestigung erforderlich ist, müssen die Kinder beim Gebrauch gut beaufsichtigt werden. Kalt und feucht nehmen die Kinder sie gerne in den Mund oder

drücken sie auf eine zu kühlende Körperstelle. Man kann sie auch trocken in das Gefrierfach geben und im Bedarfsfall als Kurzkühlung verwenden. Alternativ lassen sie sich mit einem Eiswürfel bestücken, was sich allerdings eher für den familiären Kontext als für Institutionen eignet. Auch Stoffhüllen für Kühlpads können als Boo-Boo-Bunnys verwendet werden. Die pädagogische Fachkraft sollte verschiedene Beruhigungsstrategien genau kennen und einschätzen können. Sie kann in ihrem tröstenden Antwortverhalten ein oder mehrere Register aus den Vorschlägen ziehen, die im Kasten unten aufgeführt sind.

Antwortregister beim Trösten

Handlung der pädagogischen Fachkraft	Antwortregister zur Regulation
Aktiv den Blick des Kindes suchen	Blickkontakt
Situationsbeschreibung in einfachen Worten geben, das Geschehen benennen	Sprache
Sanft tönend sprechen Bestimmt und zuversichtlich oder mit Wärme sprechen	Stimmklang
Trostlied singen	Musikalische Kommunikation Spannungsabbau durch fallende Melodieführung
Kind auf den Arm nehmen	Prinzip der Begrenzung über die umfassende Berührung Taktile Wahrnehmung Tiefenwahrnehmung Wärme und Nähe
Wippende Bewegungen mit dem Kind auf dem Arm ausführen	Prinzip der Begrenzung über die umfassende Berührung
Kind wiegen	Taktile Wahrnehmung Tiefensinn Gleichgewichts-Stimulation zur Spannungsregulation Wärme und Nähe

Schritt 3: Gefühle beider Kinder benennen

Die pädagogische Fachkraft muss mit beiden Kindern im Kontakt sein und auch die Gefühle beider benennen. Hier ist die Bewertung der Situation entscheidend, die die Fachkraft vornimmt: Ein Kind, das mundmotorisch exploriert, kann erschrocken über das Weinen des anderen sein; ein Kind, das mit dem Biss sein Spielzeug verteidigt hat, ist wütend. Zwei mögliche Varianten finden sich in folgendem Beispiel:

Beispiel

Die pädagogische Fachkraft zu Anna, die gebissen hat:

- „Du bist sehr, sehr wütend, Anna. Mirko wollte deinen Laster haben. Du kannst sagen: ‚Nein, Mirko!'"
- „Du bist ganz erschrocken, Anna. Schau, Mirko weint. Du hast ihm mit deinen Zähnen wehgetan."

Die Fachkraft zu Mirko, der gebissen worden ist:

- „Ja, das tut sehr weh! Du bist traurig."
- „Du bist zornig. Anna hat dir mit den Zähnen wehgetan."

Schritt 4: Entscheiden – die Kinder trennen oder zusammenhalten?

Wenn das Kind mit der Bisswunde umfänglich versorgt, die Wunde gereinigt und verarztet werden muss, ist sicherzustellen, dass das Kind, das gebissen hat, nicht die Belohnung erlebt, zum Beispiel mit dem Spielzeug, um das es eine Auseinandersetzung gegeben hat, weiterspielen zu dürfen. Stattdessen muss eine andere Fachkraft dafür Sorge tragen, dass die Gefühle des Kindes, das gebissen hat, benannt werden und die Situation beschrieben wird. Hier zeigt sich die Bedeutung der geeigneten Rahmenbedingungen und einer ausreichenden Personaldecke. Denn auch die anderen Kinder in der Gruppe dürfen bei einem solchen Vorfall nicht aus dem Blick geraten.

Oft entscheidet die pädagogische Fachkraft innerhalb von Sekunden, ob die beiden Kinder zusammenbleiben oder getrennt werden müssen. Sollen sie zusammenbleiben, kann das Kind, das gebissen hat, beim Verarzten und Versorgen mithelfen. Dies kann eine gute Strategie sein, insbesondere, wenn keine Absicht hinter dem Verhalten stand und beide Kinder Trost benötigen. Es kann dann günstig sein, wenn sich die pädagogische Fachkraft zwischen die beteiligen Kinder setzt, um beide dabei zu unterstützen, ihre Emotionen zu regulieren. Dem Kind, das gebissen worden ist, müssen Möglichkeiten der Selbstberuhigung angeboten werden. Vielleicht braucht es die Nähe der pädagogischen Fachkraft, oder es möchte in einer sicheren Ecke in Ruhe weiterspielen. Das Kind muss jetzt ausreichenden Schutz erfahren, sein Spiel sollte nicht erneut unterbrochen werden.

Schritt 5: Konflikt in Worten beschreiben

Eine wichtige Aufgabe der pädagogischen Fachkräfte besteht darin, den Kindern Hilfestellung bei der Bewältigung von Konflikten zu geben, was auch als Konfliktassistenz (siehe Seite 43 f.) bezeichnet wird. Den Konflikt zu beschreiben und in einfache Worte zu fassen (Kinnell 2019), zeigt den Kindern auf, dass eine Auseinandersetzung handhabbar ist. Das Benennen erleichtert es, über mögliche Problemlösungen nachzudenken. Auch hier passt die pädagogische Fachkraft ihre Worte an den sprachlichen Entwicklungsstand der Kinder an. Fragen zur Problemlösung etwa können erst bei ausreichend entwickelter sprachlicher Kompetenz sinnvoll sein.

Beispiel

- Situation beschreiben: „Mirko will mit dem blauen Laster spielen. Du brauchst den Laster auch. Das ist wirklich ein Problem. Ihr wollt ihn jetzt beide gleichzeitig!"
- Fragen zur Problemlösung (bei entsprechender sprachlicher Kompetenz des Kindes): „Nicoletta braucht die weiche Decke für ihre Puppe. Du brauchst eine Decke für dein Bärchen. Was können wir tun?"
- Bei jüngeren Kindern (bis 18 Monate) kann es günstiger sein, statt einer Frage einen Vorschlag anzubieten: „Komm, wir schauen, ob wir noch eine Decke haben."

Schritt 6: Grenzen setzen und die Gruppenregeln klar benennen

Beim Benennen der Gruppenregeln ist zu beachten, wie weit das Sprachverständnis des Kindes bereits entwickelt ist: Können schon Verneinungsformen verwendet werden? Ist es hilfreich, das Wort „beißen“ zu gebrauchen? Da Kinder in einem Erregungszustand verbale Sprache oft schlechter verstehen, ist es in der Regel günstiger, Worte für das erwünschte Zielverhalten zu finden.

Beispiel

- Alle Kinder sollen bei uns sicher sein. Beißen ist nicht sicher. Das tut weh. Niemand darf verletzt werden!
- Wir berühren kein Kind mit unseren Zähnen. Wir möchten, dass alle Kinder bei uns sicher sind.
- Wir berühren kein Kind mit unseren Zähnen! Lasst uns mal überlegen, was dürfen wir denn mit unseren Zähnen machen? ... *(Die Kinder können hier ihre eigenen Ideen entwickeln.)*
- Wir können essen, kauen, zum Beispiel Äpfel, Brotrinde ..., dafür sind die Zähne ganz toll! *(Die Kinder bringen wieder ihre Ideen ein.)*

Schritt 7: Lösungen und Alternativen bieten

Zur Konfliktassistenz gehört es, ein Repertoire an möglichen Lösungen oder alternativen Verhaltensweisen aufzubauen. Dabei kann es sich um sprachliches und/oder nicht-sprachliches Verhalten handeln (siehe auch Kapitel 4.6 zur Sprache und Körpersprache, Seite **43** f.).

- **Gefühle ausdrücken:** Du kannst mit dem Fuß aufstampfen. Du kannst deine Fäuste ballen. Du kannst ganz stark ausatmen (Atemgeräusch vormachen)!
- **Abwechseln:** Du kannst sagen: „Ich bin dran!“ Oder: „Erst du, dann ich!“
- **Kampf um das Spielzeug:** Du kannst sagen: „Darf ich mitspielen?“ Oder: „Immer abwechseln, erst du dann ich!“

Schritt 8: Schlussstrich ziehen und die Kinder wieder ins Spiel einbinden

Pädagogische Fachkräfte sollten nach einem Beißvorfall darauf achten, dass die Kinder wieder in ein Spiel zurückfinden. Dabei kommt es nicht darauf an, dass die beiden Kinder unbedingt zusammen spielen. Manche Kinder gehen möglicherweise zur Garderobe und wollen auf die Mama oder den Papa warten. Es geht darum, Negativspannung aufzulösen und das kindliche Interesse wieder auf spannende Dinge in der Umgebung zu lenken:

- „Schau nur, ich glaube, die Puppe hat ganz großen Hunger. Vielleicht kannst du ihr etwas zu essen kochen?“ Bei größerem Nähe- oder Assistenzbedarf: „Wollen wir ihr etwas zu essen kochen?“
- „Ich glaube, das Schaukelpferd muss repariert werden. Da fehlt ja eine Schraube! Magst du mitkommen? Wir gehen zum Werkstattraum!“

Schritt 9: Bericht über den Beißvorfall an die Eltern der beteiligten Kinder

Transparenz im Umgang mit der Thematik des Beißens ist ein Zeichen der Professionalität der Einrichtung. Über jeden Beißvorfall sollte die Kita einen Bericht erstellen, der von den Gruppenfachkräften, der Einrichtungsleitung und den Erziehungsberechtigten der beteiligten Kinder gegengezeichnet wird. Eltern, deren Kinder gebissen worden sind, reagieren auf eine Darstellung des Vorfalls als „Unfall“ oft äußerst aufgebracht. Die Berichtsbogen müssen hier dem Prinzip der Deeskalation folgen. Sie sollten beruhigend, sachlich und spannungsausgleichend wirken.

Die Eltern des Kindes, das gebissen hat, werden darüber aufgeklärt, in welcher Situation sich der Beißvorfall ereignet hat, zu welcher Tageszeit und an welchem Ort. Die in der Situation ergriffenen Maßnahmen sollten ebenfalls beschrieben werden.

Die Eltern des Kindes, das gebissen worden ist, werden darüber informiert, wie die Wunde versorgt und das Kind getröstet worden ist. Auch sie erhalten Informationen zur Situation, zu den Maßnahmen, zum Ort und zur Tageszeit des Vorfalls. Ein Vorschlag für einen Berichtsbogen befindet sich im Anhang (siehe Seite 102).

5.2 Langfristige Strategien für den Umgang mit Beißen

Spätestens beim zweiten Beißvorfall muss – neben der Bewältigung der dramatischen Situation selbst – die grundsätzliche Begleitung des Kindes, das Beißverhalten zeigt, betrachtet werden. Das Beißen kann bei den pädagogischen Fachkräften stark negative Emotionen auslösen, die das Verhältnis zu diesem Kind massiv beeinträchtigen können, insbesondere wenn das Beißverhalten andauert.

Gezieltes Herstellen positiver Begegnungen

Die Bezugspädagogin oder der Bezugspädagoge achtet systematisch darauf, dass es regelmäßige positive Begegnungen im Spiel mit dem Kind, das Beißverhalten zeigt, gibt. Es sollen gezielt positive Situationen hergestellt werden. Diese Begegnungen dürfen vom Kind nicht mit seinem Beißverhalten in einen Zusammenhang gebracht werden können, um einen unerwünschten Belohnungseffekt auszuschließen. Anknüpfungspunkte sind hier die Interessen des Kindes, zum Beispiel das Spiel am Wasser- oder Sandtisch am mittleren Vormittag. Kinder, die Aufmerksamkeit benötigen und aus diesem Grund beißen, sollten nie um Aufmerksamkeit kämpfen oder sie sich erst „verdienen“ oder gar „erbeißen“ müssen.

Ressourcenorientierte Beobachtungszeiten

Die Beziehung zu stärken, obwohl das Verhalten des Kindes problematisch ist, kann auch mit einem Ressourcen-orientierten Blick während regelmäßiger Beobachtung gelingen. Fachkräfte können auf diese Weise Situationen dokumentieren, in denen das Kind gut in ein Spiel hineingefunden hat und von den anderen Mitspielenden akzeptiert worden ist, oder Situationen dokumentieren, in denen das Kind um Rat oder Mithilfe gebeten wurde (Haug-Schnabel 2020).

Der Low-Arousal-Ansatz – gezielte Spannungsreduktion

Aus der Arbeit mit Kindern im Autismus-Spektrum ist der sogenannte Low-Arousal-Ansatz bekannt, der auf Deeskalation und Spannungsreduktion setzt (McDonnell et al. 2008). Dabei nehmen die Fachkräfte zunächst eine sorgfältige Analyse der Beißsituation auf Wahrnehmungsreize vor und reduzieren diese dann gezielt. Die Reduktion von Geräuschen und Farbeindrücken gehört hier zum Beispiel dazu. Es soll in diesem Ansatz eine nicht-konfrontative Pädagogik umgesetzt werden. Auch ein eher sparsamer Umgang mit Sprache wird empfohlen, da Kinder in einer Erregungssituation wenig an Sprache aufnehmen können.

Schutz und Empowerment für ein Kind, das gebissen wurde

Für Kinder, die gebissen worden sind, sollten Unterstützungsmaßnahmen umgesetzt werden, die es ihnen erlauben, ohne Störungen weiterzuspielen. Die Kinder sollten Hilfe darin bekommen, kritische Situationen im Vorfeld einschätzen zu können. Wichtig ist, dass das Kind kein Selbstbild als Opfer aufbaut. Damit das gelingt, braucht es die vorausschauende Konfliktassistenz durch die Fachkraft. So könnte die pädagogische Fachkraft zunächst in Sichtnähe bleiben. Sie kann aus dieser Position heraus vorhersehbare Situationen benennen und auf Konfliktpotenzial aufmerksam machen (siehe Beispiel in der Sprechblase):

Vorsicht, Peter – Max hat die Schaufel da nur abgelegt.
Er ist wütend, wenn du sie einfach wegnimmst.

5.3 Ungeeignete Maßnahmen im Umgang mit Beißen

Unter den Maßnahmen, die pädagogische Fachkräfte ergreifen, um dem Beißen von Kindern zu begegnen, gibt es leider zahlreiche, die gänzlich ungeeignet sind, um Kinder in hilfreicher Weise darin zu unterstützen, ein sozial angemessenes Verhalten zu entwickeln.

Schimpftiraden & Co

Wie bereits in Kapitel 4.6 Sprache und Körpersprache (Seite 43) beschrieben, sollten Fachkräfte von Schimpftiraden absehen. Zu den ungeeigneten Maßnahmen, insbesondere bei Kindern bis drei Jahre, gehört auch die Aufforderung zum Perspektivwechsel („Würdest du wollen, dass man dich beißt?"). Es muss vor dem Hintergrund des aktuellen Entwicklungsstandes entschieden werden, ob diese Art Fragen bereits zielführend eingesetzt werden können. Die Aufforderung an betroffene Kinder, in so einem Fall einfach zurückzubeißen, ist absolut abzulehnen. Kinder müssen lernen, dass Beißverhalten grundsätzlich nicht akzeptabel ist (Kinnell 2019; Poelle 2019; Gutknecht 2010, 2024).

Time-out

Eine häufig angewendete Maßnahme, die äußerst kritisch diskutiert wird, ist das sogenannte Time-out. Expertinnen wie Kinnell (2019) und Poelle (2019) lehnen die Maßnahme als gänzlich ungeeignet für Kinder bis zum Alter von drei Jahren ab.

Ein Time-out im ursprünglichen Sinn ist eine verhaltenstherapeutische Maßnahme zur Grenzsetzung und zum Schutz bei Eigen- oder Fremdgefährdung, die mit einer kurzfristigen Isolierung eines Kindes verbunden ist. Jedes Mal, wenn ein Kind eine vorher definierte unerwünschte, zum Beispiel aggressive Verhaltensweise zeigt, wird es in den „Time-out-Raum" oder „Auszeitraum" gebracht. Die Intervention kann auch gegen den Willen des Kindes erfolgen und gilt darum als eine Zwangsmaßnahme, für die es festgelegte Regeln geben muss. Man unterscheidet zwischen einem begleiteten – hier ist eine erwachsene Bezugsperson im Auszeitraum beim Kind oder Jugendlichen – und unbegleiteten Time-out. Bei letzterem wird der Auszeitraum verschlossen und erst nach einem festgelegten kurzen Zeitintervall nimmt die pädagogische oder therapeutische Fachkraft wieder Kontakt mit dem Kind auf. Die Maßnahme soll destruktive Verhaltensweisen unterbrechen und insbesondere der Unterstützung der Selbstregulation dienen. In Kindertageseinrichtungen werden oft alle Formen der Isolierung von Kindern im Alltag als Time-out bezeichnet, also auch der Ausschluss eines Kindes aus dem Morgenkreis oder der Spielausschluss durch eine Zeit, die auf dem „stillen Stuhl" oder dergleichen verbracht werden muss. Oft erfolgen diese Maßnahmen nicht ausreichend transparent und nicht kritisch reflektiert.

Für Krippe und Kita wird in diesem Buch die Position vertreten, dass ein Time-out in der Arbeit mit jungen Kindern problematisch einzustufen ist. Kinder in diesem Alter können noch nicht über ihr Verhalten reflektieren und oft keine Verbindung herstellen zwischen dem eigenen Verhalten und dem Schmerz des Kindes, das gebissen worden ist. Ein Time-out ist für das Kind, das gebissen hat, mit einem abrupten Kontaktabbruch in einer Situation höchster Erregung verbunden, also ausgerechnet dann, wenn es einer positiven Verhaltensunterstützung bedarf.

5.4 Ausschluss von Kindern aus der Einrichtung

Der Ausschluss eines Kindes aus der Einrichtung, weil es fortgesetztes Beißverhalten zeigt, darf nicht leichtfertig erfolgen. Es kann auch eine unzureichende Pädagogik hinter einem Ausschluss stehen. Insbesondere in der Intensivpädagogik werden die Delegationsmechanismen, das Weiterreichen der Kinder durch verschiedene Institutionen massiv kritisiert (Baumann et al. 2021). Folgende Argumentationslinien lassen sich festmachen:

- Wir sind dafür personell nicht angemessen aufgestellt!
- Das Team ist nicht entsprechend ausgebildet!
- Wir sind hier nicht zuständig!
- Das Kind muss in eine speziellere Betreuung oder Therapie.

Oft wird bei älteren Kindern bei der Schulsozialarbeit oder einer Therapie deutlich, dass ein Jahre zurückliegender Kindergarten-Ausschluss eine Negativspirale in Gang gesetzt hat. Es ist wichtig, das Risiko der Chronifizierung (siehe auch Seite 14 ff.) angemessen in den Blick zu nehmen und die Familie und das Kind nicht alleinzulassen.

Möglicherweise kommt jedoch eine engagierte Einrichtung, ein engagiertes Team zum Schluss, dass viele Maßnahmen ausgereizt sind:

- Das Kind ist längere Zeit beobachtet worden, um spezifische Muster eines Verhaltens zu erkennen.
- Elterngespräche haben regelmäßig und in hoher Intensität stattgefunden.
- Die Einrichtung hat zahlreiche Faktoren im Kontext der Alltagsgestaltung optimiert, um sich besser auf die Bedürfnisse des Kindes abzustimmen.
- Handlungspläne haben keine Wirkung gezeigt, obwohl die pädagogischen Fachkräfte sie konsequent umgesetzt haben.
- Eine Erziehungsberatungsstelle, Frühförderung oder andere Fachstellen wurden hinzugezogen.
- Das Team hat Supervision erhalten.
- Der gesamte Prozess ist sorgfältig schriftlich dokumentiert.

Wenn trotz konzertierter Maßnahmen das Beißverhalten nicht abnimmt, kann auf der Basis einer genauen Analyse ein Umgebungswechsel erwogen werden. Hier können folgende Überlegungen handlungsleitend sein:

Gruppenwechsel

In größeren Einrichtungen kann ein Wechsel in eine andere Gruppe eine geeignete Intervention darstellen. Dem sollte eine Gruppenanalyse in Hinblick auf die aktuelle Gruppe und die aufnehmende Gruppe vorangehen. Manche Kinder verändern ihr Verhalten und legen Beißverhalten ab, wenn sie in eine andere Gruppenkonstellation wechseln. Das Kind sollte in Hinblick auf sein Verhalten im Kontakt mit älteren Kindern oder jüngeren Kindern beobachtet werden. Manche Kinder zeigen nach einem Wechsel in die Gruppe der älteren Kinder kein Beißverhalten mehr. Dies kann darauf zurückgeführt werden, dass die Anforderungen auch im wechselseitigen Spiel höher sind und die Kinder positiv auf die höhere Anregung reagieren. Das Gruppenklima kann deutlich anders sein, sodass die Kinder nicht alte Verhaltensschemata wiederholen, sondern neue entwickeln. Manchmal erleben die Kinder besondere Zuwendung der älteren Kinder und geben dadurch das Beißverhalten auf. Manche Kinder, die Beißverhalten zeigen, suchen die Nähe zu jüngeren Kindern. Sie fühlen sich mit älteren Kindern angespannter. Sorgsame Beobachtung im Vorfeld ist hier wichtig. Pädagogische Fachkräfte haben es nicht sicher in der Hand, wie die Kinder der aufnehmenden Gruppe mit der neuen Konstellation umgehen werden.

Kindertagespflege

Für ein sensibles Kind ist möglicherweise eine familienähnliche Betreuungs-Situation bei einer Tagespflegeperson günstiger als die Betreuung in einer größeren Kindergruppe, wie es in Kita oder Krippe die Regel ist. Es fallen viele Stressoren weg und die Tagespflegeperson kann mit mehr Zeit auf das Kind eingehen.

Alternativ können Kinder auch von der Betreuung in einer Einrichtung mit einem faktischen Betreuungsschlüssel von 1:3 profitieren. Dies ist in Zeiten des Fachkräftemangels allerdings nur selten gegeben.

Waldeinrichtungen können sich als alternativer Einrichtungstyp besonders dann eignen, wenn das Beißen bisher eher im Haus und nicht bei Aktivitäten draußen aufgetreten ist.

Montessori-Einrichtungen oder Montessori-nahe Einrichtungen können für diejenigen Kinder besonders geeignet sein, die viel Struktur benötigen. Das pädagogisch gelebte sogenannte „Prinzip der Ordnung“ und die sehr große Klarheit in den Abläufen kann sich günstig auf das Gesamtverhalten des Kindes auswirken und die Wahrscheinlichkeit von Beißverhalten deutlich senken.

Doch kann es in allen genannten alternativen Betreuungsorten auch zu Beißverhalten kommen. Es muss immer in die Analyse einbezogen werden, wie der aktuelle Einrichtungstyp ist, wie die aktuelle Kindergruppe und das Klima sich darstellen und wie über einen Wechsel eine Veränderung für das Kind hergestellt werden kann, um einen Neuanfang zu ermöglichen mit neuen Verhaltensmustern.

Optimal ist eine Entscheidungsfindung im Rahmen eines Runden Tisches zum Beispiel unter Einbeziehung der Fachberatung, der Frühförderung, der Erziehungsberatung, Fachärzt:innen aus den Bereichen Pädiatrie oder Kinder- und Jugendlichentherapie. Manche Kinder zeigen nicht nur Beißverhalten, sondern weitere problematische Verhaltensweisen, sodass zusätzlich eine Spieltherapie sinnvoll sein kann.

6.

Medizinische Aspekte im Zusammenhang mit Beißen

In diesem fantasievollen Boo-Boo-Tröster findet auch ein Kühlpad Platz

Bei Bissverletzungen muss eine angemessene Wundversorgung gewährleistet werden. Wenn die Haut durch den Biss verletzt worden ist, wird die Wunde gereinigt und mit einer Kompresse versorgt. Eine Verletzung, die blutet, sollte immer ärztlich abgeklärt werden. Bleibt die Haut des Kindes unverletzt, wird sie mit Wasser und Seife abgewaschen und gekühlt. Hier können dann die Boo-Boo-Bunnys zum Einsatz kommen, die mit einem Kühlpad befüllt werden können (siehe Abb. links).

Infektionsrisiken

Neben der direkten Wundversorgung müssen pädagogische Fachkräfte auch über die wichtigsten Infektionsrisiken informiert sein. Eltern sorgen sich zum Beispiel häufig, ob sich eine Bissverletzung entzündet oder ihr Kind in Kontakt mit gefährlichen Bakterien bzw. Viren kommen kann. Hier ist der Kinderarzt oder die Kinderärztin der/die beste Ansprechperson, an die die Fachkraft die Eltern verweisen sollte.

In der englischsprachigen Literatur zur Arbeit in Kinderkrippen wird im Zusammenhang mit Bissverletzungen, bei denen es zum Blutkontakt kommt, das Risiko von Hepatitis B oder C und von Aids/HIV benannt:

- **Hepatitis B** wird über den Blutweg oder über andere Körperflüssigkeiten von einer Person auf eine andere übertragen. Für die Fachkräfte in Kita oder Krippe ist wichtig zu wissen, dass das Virus nicht über den Kontakt mit Speichel an unverletzter Haut übertragen wird. Wenn beim Biss die Haut unverletzt bleibt, besteht kein Übertragungsrisiko. Führt ein Biss zu einer Hautverletzung, bei der auch Blut fließt, kann Hepatitis B übertragen werden.
- Auch **Hepatitis C** wird von einer auf die andere Person über den Blutweg oder über andere Körperflüssigkeiten übertragen. Eine Hepatitis-C-Infektion ist jedoch äußerst selten bei jungen Kindern. Kontakt mit Speichel genügt nicht für eine Infektion.
- Beißen gilt explizit nicht als der übliche Übertragungsweg von **Aids/HIV.** Kein Risiko besteht beim Kontakt mit Speichel (Kinnell 2019).

Vernarbung

Bei Bisswunden, insbesondere im Gesicht, ist eine mögliche Vernarbung mit zu berücksichtigen; auch hier sollte daher immer ärztlicher Rat in Hinblick auf die Beurteilung und Versorgung der Wunde eingeholt werden.

7.

Responsiv beraten: Zusammenarbeit mit Eltern

In Elterngespräche immer vorbereitet gehen

Eltern haben in der Regel eine andere Sicht auf das Beißverhalten junger Kinder als die pädagogischen Fachkräfte. Während Eltern meistens davon ausgehen, dass Beißen in Krippe und Kita vermeidbar ist und die „richtigen und professionellen Maßnahmen" das Problem schnell beheben, wissen Fachkräfte, dass das Verhalten oft eine erhebliche Herausforderung für die Pädagogik bedeutet.

Für eine professionelle Zusammenarbeit mit den Eltern muss das pädagogische Team drei unterschiedliche Elterngruppen in den Fokus nehmen (siehe Kasten).

Beratungsfokus auf 3 Elterngruppen

1. Eltern des Kindes, das gebissen hat
2. Eltern des Kindes, das gebissen wurde
3. Noch nicht betroffene Eltern, die weitere Beißvorfälle in der Gruppe befürchten oder die sich um einen Nachahmungseffekt sorgen.

Alle benötigen eine passgenaue, responsiv auf sie abgestimmte Information. Die Fachkräfte sollten dabei achtsam vorgehen und typische Beratungsrisiken wie Fehlinterpretationen mit im Blick haben. So könnten Eltern im Nachgang des Gesprächs annehmen, dass sie zu Hause zu drakonischen Strafen greifen sollen, wenn es zu einem Beißvorfall in der Kita gekommen ist. Da die Eltern bei den Beißvorfällen in der Kita nicht dabei sind, ist es wichtig, deutlich zu machen, worin die Zusammenarbeit im Kontext Beißvorfall tatsächlich bestehen soll. Günstig ist beispielsweise ein Austausch über Stressoren zu Hause und Stressoren in der Kita: Wie können diese an beiden Lebensorten reduziert werden?

Für den responsiven Dialog mit den Eltern ist eine sensible Ausdrucksweise von großer Bedeutung. Hier gibt es elementare Fehlerquellen:

Beißen kommt eben häufiger vor ...
Wir haben schon viele beißende Kinder erlebt.

Diese Aussage einer pädagogischen Fachkraft kann bei den Eltern als eine das Beißen bagatellisierende, möglicherweise sogar tolerierende Einschätzung ankommen und führt deshalb häufig zu einer Verschärfung der Gesamtsituation, insbesondere zu einer Verschlechterung der Fachkraft-Eltern-Beziehungen. Wenn in einer Einrichtung keine verlässliche Informationspolitik stattfindet, sodass eine Handlungsstrategie seitens der Gruppen- und Einrichtungsleitung nicht sichtbar wird, können die Aussagen zum Vorgehen bei einem Beißvorfall auf Eltern dann schnell wie pure Lippenbekenntnisse wirken.

Dauert ein Beißverhalten länger an, bauen sich oft massive Ängste vor Exklusion in der Familie auf: die Exklusion des Kindes, aber auch der Eltern selbst.

> *Unser Kind beißt nicht nur die Kinder in seiner Gruppe, es beißt auch uns, die Oma, die kleine Schwester ... Wir fürchten, dass es aus dem Kindergarten ausgeschlossen wird, aber was soll dann werden? Ist unser Kind verhaltensauffällig? Wie lässt sich das Beißverhalten ändern?*
> (Vater eines Kindes, das gebissen hat)

Bei der Kommunikation mit den oft hoch emotionalisierten Eltern über das Beißen junger Kinder ist von Bedeutung, was bei den Familien tatsächlich an Informationen ankommt. Je weniger eine Kita an Informationen herausgibt und je inaktiver die pädagogischen Fachkräfte dadurch erscheinen, umso inkompetenter wirken sie oft auf die Eltern.

> *Offenbar hat man in der Kita nicht eine einzige hilfreiche Strategie, um in irgendeiner Weise mit dem Problem Beißen umzugehen! Das ist falsch verstandene Inklusion!*
> (Mutter eines Kindes, das gebissen wurde)

Die Eltern beginnen in diesen Fällen nicht selten, im Internet nach Texten und Literatur zum Umgang mit dem Beißen zu suchen, und bringen den pädagogischen Fachkräften ausgedruckte Unterlagen in die Einrichtung mit. Diese Art von „Unterstützung" ist jedoch kein positives Beispiel für eine Begegnung auf Augenhöhe. Vielmehr ist das Vertrauen der Eltern in die Einrichtung erschüttert, und die Kompetenz der Fachkräfte wird massiv infrage gestellt.

> *Eigentlich ja verkehrte Welt – sollten nicht eher die Fachkräfte im Internet recherchieren, wenn ihnen Informationen zum Umgang mit dem Beißen von Kindern fehlen? Wieso müssen wir das tun?*
> (Vater eines Kindes, das gebissen hat)

Oft werden auch zahlreiche Vorschläge aus der Elternschaft zum Umgang mit dem Beißen direkt an die pädagogischen Fachkräfte gerichtet. Die Vorgehensweisen, die Eltern empfehlen, gehen häufig auf das Bedürfnis zurück, das Kind, das gebissen hat, zu strafen. Die Maßstäbe, die hier angelegt werden, passen in der Regel insbesondere nicht zu jungen Kindern und sind ihrer Entwicklung nicht angemessen. Die Arbeitsgruppe um Kinnell (2019) hat typische Forderungen von Eltern an die pädagogischen Fachkräfte zusammengetragen:

Problematische Vorschläge von Eltern zum Umgang mit Beißen

(nach Kinnell 2008, S. 45–47)

- Das Kind, das beißt, sollte dauerhaft aus der Einrichtung ausgeschlossen werden.
- Wir halten es für hilfreich, das beißende Kind für einige Wochen zu Hause bei der Familie zu belassen, um den Kreislauf des Beißens zu durchbrechen.
- In unseren Augen sollte auf das Beißen eine angemessene Konsequenz erfolgen, beispielsweise durch eingeschränkten Zugang zu den Spielen, um das Kind für sein Verhalten zur Verantwortung zu ziehen.

- Um die Sicherheit für alle zu gewährleisten, sollte in Betracht gezogen werden, das beißende Kind vorübergehend von den anderen Kindern zu isolieren.
- Es kann in unseren Augen sinnvoll sein, gezielte Maßnahmen zu ergreifen, um sicherzustellen, dass das beißende Kind und die anderen Kinder getrennt werden, um weitere Zwischenfälle zu vermeiden.
- Damit das Kind spürt, was es anrichtet, sollten die Fachkräfte mit Erlaubnis der Eltern zurückbeißen.
- Die Fachkräfte sollen Maßnahmen ergreifen, die geeignet sind sicherzustellen, dass das beißende Kind vom eigenen Kind verlässlich ferngehalten wird.

Der professionelle Umgang mit dem Beißen ist aber nicht in Bestrafungsaktionen zu sehen, sondern darin, dem Kind eine hochwertige Unterstützung anzubieten, damit es ein angemesseneres Verhalten entwickeln kann. Wenn sich eine pädagogische Fachkraft deutlich von entwicklungsunangemessenen Vorschlägen der Eltern abgrenzt, birgt dies jedoch auch immer das Risiko, zu konfrontativ aufzutreten und den Konflikt zu verschärfen. In der Supervision berichten manche Fachkräfte von ihrer Tendenz, einem Konflikt mit den Eltern auszuweichen. Es scheint gerade in den täglichen Tür-und-Angel-Gesprächen einfacher, nickend, lächelnd und mit bestätigenden „Ja-Gesten" zu reagieren. Doch Beißen ist ein hochsensibles Thema, das nicht einfach zwischen Tür und Angel verhandelt werden sollte.

Hinweise zur Entwicklungsberatung im Kontext Beißverhalten

- Gehen Sie niemals unvorbereitet in ein Gespräch zum Thema „Beißverhalten“.
- Vermeiden Sie Tür-und-Angel-Gespräche. Verlangsamen Sie die Kommunikation und vereinbaren Sie stattdessen Gesprächstermine, auf die Sie sich gezielt vorbereiten können. Begründen Sie das mit der hohen Bedeutung und Wichtigkeit des Themas.
- Verweisen Sie auf die Beobachtungsunterlagen, die Sie gerade erstellen und die Sie in einem regulären Entwicklungsgespräch gründlich besprechen möchten.
- Nehmen Sie sich Zeit und vermeiden Sie es, rasch auf komplexe Fragen zu antworten.
- Versachlichen Sie die Gespräche, indem Sie relevante Informationen vorstellen, die das Beißverhalten erklären können. Beschreiben Sie das Spielverhalten und mögliche Auslösefaktoren für Beißverhalten ebenso wie das Verhalten des Kindes in den Alltagsroutinen.
- Vermitteln Sie den Eltern ermutigende Botschaften: „Ihr Kind ist nicht abgeschrieben, in keiner Schublade. Wir geben alle Unterstützung, damit es alternative Verhaltensweisen entwickeln kann.“
- Sammeln Sie positive Beschreibungen des Kindes und seiner Aktivitäten, um Ansatzpunkte für gezielte positive Begegnungen zu finden. Berichten Sie den Eltern davon.
- Konsultieren Sie vor dem Gespräch Kolleg:innen und andere Fachkräfte im Vorfeld, um konkrete Beobachtungen und mögliche Vorgehensweisen zu besprechen.

Die Offenheit der Eltern und die Bereitschaft zur Mitarbeit sind deutlich größer, wenn eine klare Perspektive zu konkreten Vorgehensweisen eröffnet wird.

7.1 Stresspotenziale im geteilten Betreuungsfeld erkennen und abfedern

Kinder wachsen heute in einem geteilten Betreuungsfeld auf. Der Alltag bringt für sie viele Wechsel mit sich: zwischen dem Elternhaus, der Kita und möglicherweise weiteren Betreuungspersonen, wie zum Beispiel einer Tagespflegeperson, den Großeltern oder einer Person aus der Nachbarschaft. Kinder begegnen dabei höchst unterschiedlichen Reaktionen der verschiedenen Bezugspersonen auf ihr Verhalten.

Eine Reihe von Studien belegt, dass bei vielen jungen Kindern der Besuch einer Kinderkrippe oder Kita grundsätzlich mit einem deutlich erhöhten Stresslevel verbunden ist (Ahnert 2020). Die Stressregulation des Kindes ist daher als eine notwendige gemeinsame Aufgabe von Familie und Kita zu betrachten. Schon in der Buchungsberatung sollte das Thema Stress angesprochen werden. Die Familie erfährt dann bereits hier, dass bei der Zusammenarbeit zum Wohl des Kindes der gesamte 24-Stunden-Rhythmus mit seinen Aktivitäts- und Ruhephasen in den Blick genommen werden muss:

- Welche Situationen lösen bei dem Kind Stress aus?
- Wie baut es Stress am besten ab?
- Wie lässt sich die Stressbelastung zu Hause und wie in der Kita reduzieren?

Tägliche Übergabe-Gespräche zum Thema Stress sind notwendig, um den weiteren Tagesverlauf zu planen: Ist es günstiger, nach dem Kita-Besuch auf den Spielplatz zu gehen oder eine Kuschelzeit zu Hause einzuplanen? Braucht das Kind eine Pause bzw. einen Mittagsschlaf, oder kann es gleich einen Freund oder eine Freundin mit nach Hause nehmen?

Stressabbau durch Bewegung

Stressabbau durch ruhiges Lesen

Stressabbau durch vertraute Beziehungszeiten

7.2 Eltern stärken und begleiten, deren Kind gebissen worden ist

Eltern, deren Kind gebissen wurde, sind oft außer sich darüber, dass ihrem Kind in der Einrichtung „so etwas“ zugestoßen ist. Die hohe Emotionalität kann sich darin zeigen, dass sie die pädagogischen Fachkräfte anschreien und beschimpfen. Das Kita-Team muss darauf vorbereitet sein, dass solche Verhaltensweisen auftreten können. Hier ist ein deeskalierender Umgang mit der Situation gefragt (Wesuls et al. 2005). Die Professionalität seitens der Fachkraft zeigt sich darin, Beleidigungen oder auch Abwertungen nicht persönlich zu nehmen, sondern sie als Ausdruck der aktuellen inneren Not, von Hilflosigkeit und Verzweiflung zu sehen.

Verhaltensweisen, die eine Eskalation begünstigen	Verhaltensweisen, die deeskalierend wirken
• Die pädagogische Fachkraft fühlt sich persönlich angegriffen. • Sie reagiert verletzt, gleichfalls wütend oder mit Rechtfertigungen, was die Situation weiter negativ auflädt. • Sie spricht mit schriller, lauter Stimme. • Sie verwendet eine eher autoritare Korpersprache, stemmt zum Beispiel resolut die Hände in die Seiten, baut sich vor den Eltern raumgreifend auf.	• Die pädagogische Fachkraft ist darauf vorbereitet, dass Eltern bei Beißvorfällen hochemotional reagieren können. • Sie sieht es als Teil ihrer pädagogischen Arbeit an, aufgebrachten Reaktionen mit Gesprächsführungsstrategien zu begegnen, die Spannung abbauen. • Sie versucht die Gefühle hinter der Aggression zu verstehen, sich darauf zu konzentrieren und darauf einzugehen.

▶

- Sie beantwortet das Verhalten ebenfalls mit Aggression: „Sie sind unverschämt! So lasse ich mich hier nicht beschimpfen! Mit mir nicht!“

- Sie versucht, in beruhigender Weise Einfluss zu nehmen.
- Sie spricht mit ruhiger Stimme.
- Sie zeigt offene, zugewandte Gesten.
- Sie versprachlicht das Geschehen, indem sie spiegelt: „Frau Krüger, ich sehe, Sie sind sehr besorgt. Sie befürchten, dass Ihre Tochter nicht sicher in der Einrichtung ist.“

Viele dieser Eltern machen sich selbst große Vorwürfe, weil sie ihr Kind in eine Einrichtung gegeben haben, in der das Kind offenbar nicht sicher ist. Oft sind die Eltern entsetzt darüber, wie es ihrem Kind in ihrer Abwesenheit in der Kita ergeht. Sie sind unsicher, ob die pädagogische Fachkraft ihr Kind ausreichend im Blick hat und ihr auch genügend an der Sicherheit und am Schutz des Kindes liegt. Im Gespräch sollten tiefes Mitgefühl und Bedauern für das betroffene Kind und dessen Eltern ausgedrückt werden. Zusätzlich muss die Fachkraft konkrete Maßnahmen nennen, die den Schutz des Kindes sicherstellen.

Für das Kind, das gebissen wurde, ist es wichtig, kein „Selbstbild als Opfer“ aufzubauen (siehe Seite 66). Die pädagogischen Fachkräfte können darüber informieren, welche Wege beschritten werden, um das zu vermeiden. Über Bilderbücher wie zum Beispiel „Stopp! Lass mich in Ruhe!, ruft Jacob“ (Grimm 2020) können Erwachsene passende Handlungsweisen deutlich machen und das Kind darin unterstützen, Stopp-Gesten einzusetzen, wenn es etwas nicht möchte. Manche Eltern missverstehen solche Maßnahmen allerdings auch. Sie müssen daher sehr gut und einfühlsam erklärt werden. Dabei sollte die Fachkraft deutlich machen, dass man sich darin einig ist, dass ein Kind den Schutz der erwachsenen Bezugspersonen benötigt und nicht etwa selbst für seine Sicherheit verantwortlich ist.

Soll mein Kind mit seinen zwei Jahren etwa einen Selbstverteidigungskurs absolvieren, um in der Krippe zurechtzukommen?
(Vater eines Kindes, das gebissen worden ist)

Manche Eltern befürchten, dass bei wiederholtem Beißen in der Kita ihr Kind traumatisiert werden könnte, sie berichten über Schlafstörungen und Albträume. Ein Achtsamkeitskonzept mit achtsamer Alltagsgestaltung und Vorgehensweisen aus der Achtsamkeitspädagogik kann hilfreich sein, um das Gruppenklima insgesamt in Richtung einer mitgefühlsorientierten Pädagogik zu beeinflussen (Lipponen 2016).

Beißvorfälle in einer Gruppe sprechen sich schnell herum und lösen auch bei den Eltern, deren Kinder (noch) nicht betroffen sind, Ängste aus. Nicht selten solidarisieren sich daher weitere Familien oder sogar die gesamte Elterngruppe mit den Eltern, deren Kind gebissen worden ist. An die Leitung der Einrichtung wird dann möglicherweise ein Ultimatum gestellt: „Wenn das von Ihnen nicht unter Kontrolle gebracht werden kann, nehmen wir unsere Kinder sofort aus der Einrichtung!" (Gutknecht 2010). In der Einrichtung kann sich die Situation aufschaukeln bis zu einer „Kriminalisierung" des Kindes, das hier als „Täter" oder „Täterin" in Erscheinung getreten ist (ebd.). Sehr häufig begegnet pädagogischen Fachkräften der Vorwurf, dass eine Verletzung der Aufsichtspflicht vorliegen würde. Insbesondere, wenn das Beißen mehrfach auftritt oder ein Kind wiederholt betroffen war, bestehen Ängste, dass das Kita-Team entweder die gesamte Gruppe oder bestimmte Kinder nicht ausreichend im Blick hat.

Wir wissen bei Familie König einfach nicht mehr weiter. Die Familie spricht von Körperverletzung gegenüber ihrem Kind sowie einer Aufsichtspflichtverletzung, was aus unserer Sicht so einfach nicht vorliegt.

Im Dialog mit den Eltern sollten, gerade wenn sich Beißvorfälle häufen, Informationen darüber im Vordergrund stehen, welche Maßnahmen konkret ergriffen werden und warum. Hierzu kann allen Eltern eine Kopie des Maßnahmenkatalogs mitgegeben werden, in dem das Vorgehen beschrieben ist, auf das sich das Team verständigt hat (siehe Seite 104 f.). Die klare Benennung der jeweiligen Maßnahmen ist wichtig, zum Beispiel die Förderung des sprachlichen und nichtsprachlichen Ausdrucks oder eine Veränderung der Raumgestaltung, um mehr Rückzug zu ermöglichen. Die Teammitglieder brauchen Rückhalt durch die Leitung, gegebenenfalls auch zusätzlich Supervision, während sie in der Gruppe alles daransetzen, das Verhalten der Kinder positiv zu beeinflussen, Stress-entlastend zu arbeiten, regelmäßige Elterngespräche zu führen und für einen klaren Informationsfluss im Sinne eines Krisenmanagements sorgen.

7.3 Eltern stärken und begleiten, deren Kind gebissen hat

Die Eltern des Kindes, das gebissen hat, sind oft sehr verunsichert. Sie fragen sich, ob die Fachkräfte in der Einrichtung pädagogisch genügend engagiert sind, um ihrem Kind zu helfen, ein angemesseneres Verhalten aufzubauen: „Wird unser Kind womöglich leichtfertig als ‚Beißer' oder ‚Beißerin' stigmatisiert? Wird mein Kind von den anderen Kindern abgelehnt?" Hinzu kommt die Angst, dass das Kind aus der Einrichtung ausgeschlossen werden könnte. Neben den Sorgen um das Kind käme dann auch ein massives Betreuungsproblem auf die Familie zu.

Wenn das Kind weder zu Hause noch in Spielgruppen, Vereinen etc. beißt, stellen sich den Eltern viele Fragen: „Was passiert in der Einrichtung mit unserem Kind, dass es sich so verhält? Wird unser Kind durch die Betreuungssituation aggressiv?" Ängste bestehen oft auch in Bezug auf das eigene Erziehungsverhalten: „Was machen wir falsch, dass unser Kind so reagiert, so aggressiv ist?"

Im Dialog mit den Eltern sollten die pädagogischen Fachkräfte Rechtfertigungen vermeiden und Beschuldigungen durch die Eltern weich abfedern: „Ja, Sie haben recht, das Beißen tritt nur hier auf. Möglicherweise ist es noch schwierig für Ihre Tochter/Ihren Sohn, mit den Anforderungen und manchmal auch Frustrationen in der Gruppenbetreuung fertigzuwerden. Wenn wir gut zusammenarbeiten, können wir ihr/ihm helfen, ein angemesseneres Verhalten aufzubauen."

Oft erleben die Eltern eines Kindes, das wiederholt beißt, die Distanzierung der anderen Mütter und Väter als äußerst belastend. Sie nehmen mit Sorge wahr, wenn ihr Kind von anderen gemieden, nicht mehr zum Spielen oder zu Geburtstagen eingeladen wird.

Manche Eltern erleben, dass ihr Kind sowohl zu Hause Beißverhalten zeigt als auch an anderen Orten, die sie mit ihm aufsuchen. Vielleicht sind sie selbst, Familienmitglieder oder Besuchskinder schon gebissen worden. Hier ist es angezeigt, Rücksprache mit dem Kinderarzt oder der Kinderärztin zu nehmen, Frühförderung oder eine Erziehungsberatungsstelle mit einzubeziehen. Die Verzweiflung kann sehr groß sein, wenn es sich um ein häufiges Verhalten handelt. Pädagogische Fachkräfte haben bei den Eltern, deren Kind beißt, darum ebenfalls die gesamte Spannbreite an Gefühlen zu modulieren: Wut, Ärger, Verzweiflung, Traurigkeit, Hilflosigkeit.

Wenn Beißverhalten auftritt, ist Stressreduktion in der Familie, aber auch in Kita und Tagespflege in allen Alltagssituationen besonders wichtig. Dies betrifft insbesondere die Mahlzeiten und die Garderobensituationen beim An- und Ausziehen. Fachkräfte haben die Aufgabe, Eltern dahingehend zu beraten, dass zu Hause keine lustigen oder zärtlichen Beißspiele gespielt werden sollen. In vielen Familien gehört das zur zärtlichen Begegnung zwischen den Bezugspersonen und Kindern. Allerdings überfordert es junge Kinder, zu erkennen, dass Beißen ein nicht akzeptiertes Verhalten darstellt. Zur Beratung gehört auch anzusprechen, wie Eltern sich verhalten sollten, wenn sie Beißverhalten beobachten. Statt Schimpftiraden müssen Erwachsene ein sprachlich zurückhaltendes Verhalten mit knappen und kurzen Sätzen wählen. Lange Erklärungen werden von Kindern in Erregungssituationen nicht aufgenommen.

Auch die nicht betroffenen Eltern sind in den Blick zu nehmen. In vielen Einrichtungen haben Eltern heute unter anderem über digitale Medien intensiven Kontakt. Sie informieren sich wechselseitig bei Beißvorfällen. Eltern tragen Maßnahmen der Kita aber umso besser mit, je genauer die Kita für eine Aufklärung sorgt, welche Maßnahmen ergriffen werden, um die Situation zu verändern. Elternbriefe, Elternabende und Gespräche sind hier unabdingbar.

Beißvorfälle in der Entwicklungsberatung thematisieren

Für das Entwicklungsberatungsgespräch lassen sich Kernthemen und Fragen ausmachen, die unbedingt behandelt werden müssen, damit ein Handlungsplan entwickelt werden kann. Eine Kopiervorlage dazu befindet sich im Anhang auf Seite 106 f..

Thema: Grenzen setzen – Umgang mit Beißen

Welche Erfahrungen sammelt das Kind mit Grenzsetzungen in der Kindertageseinrichtung oder an anderen Orten? Gibt es widersprüchliche Reaktionen: Lachen Eltern oder Geschwister, wenn das Kind wütend oder ärgerlich ist, was emotionale Regulation erschwert und Frustration steigert? Wird auf Beißen mit Lachen reagiert und mit Humor, was es dem Kind erschwert zu erkennen, dass diese Verhaltensweise unangemessen ist? Werden zu Hause Beißspiele gespielt, die es dem Kind ebenfalls erschweren zu erkennen, dass Beißen unangemessen ist? Hat das Kind bei anderen Kindern Beißverhalten beobachten können?

Thema: Sprache und Kommunikation

Werden im Elternhaus zentrale Strategien zur Sprachförderung, z.B. Self Talking oder Parallel Talking (siehe Seite 46) verwendet? Wie lässt sich ein umfangreicher Wortschatz aufbauen für Gefühle, ein Wortschatz zum Streiten und eine Streitgestik? Erscheint das Kind frustriert über seine noch fehlenden verbalen und nonverbalen Ausdrucksmöglichkeiten? Reichen die körpersprachlichen und sprachlichen Fähigkeiten des Kindes aus, um ein alternatives Verhalten zum Beißen zu zeigen?

Thema: Grundbedürfnisse

Sind die Grundbedürfnisse des Kindes gut abgestimmt im geteilten Betreuungsfeld von Familie und Kita? Wie stellen sich Hunger, Durst oder Müdigkeit im 24-Stunden-Rhythmus dar?

Thema: Stress

An welchen Anzeichen lässt sich Stress bei dem Kind erkennen? Gibt es Stress durch mehrere Betreuungsverhältnisse? Was sind Stressoren für dieses Kind im Tagesablauf? Gelingt das Zusammenspiel von Ruhe und Anregungsphasen? Gibt es Rückzugsorte? Braucht das Kind nach dem Abholen Ruhe oder Anregung? Welche Indikatoren gibt es für ein „Entspanntes Feld“ (siehe Seite 42), ein angenehmes Klima, eine „Haltende Umgebung“ (siehe Seite 41) in der Einrichtung? Wie lassen sich diese Bereiche intensivieren?

Thema: Zahnen, (Mund-)Motorik, sensorische Bedürfnisse

Hat das Kind ausgeprägte sensorische Bedürfnisse, möglicherweise im Zusammenhang mit Zahnen oder mundmotorischem Erkundungsverhalten? Hat das Kind genügend Möglichkeiten, körperliche Unruhe über Bewegung auszugleichen? Werden genügend Anregungen für sensorische Erfahrungen geboten? Ist das Kind zu vielen sensorischen Reizen ausgesetzt?

Thema: seelische Belastungen

Gibt es Hinweise auf Herausforderungen oder seelische Belastungen zu Hause, wie Arbeitslosigkeit, Trennung der Eltern, Geburt eines Geschwisterkindes, Tod eines Haustieres? Gibt es Belastungserfahrungen in der Kita, zum Beispiel

Ausgrenzungserfahrungen, Abwesenheit oder Wechsel der Bezugsfachkraft, Statusverlust? Gibt es Störungen im Spiel? Zeigt das Kind neben dem Beißverhalten weitere Auffälligkeiten?

Die von den pädagogischen Fachkräften durchgeführten Entwicklungsgespräche können bei einigen Eltern durch Überreaktionen ad absurdum geführt werden. So gibt es Eltern, die zu drakonischen Strafen greifen, wie Schlägen nach der Abholung des Kindes, Einführen unangenehmer Substanzen in den Mund oder auch zu Bestechung: „Wenn du aufhörst zu beißen, bekommst du ein ganz tolles Geschenk!“ (Kinnell 2008). Die Elternberatung muss diese Risiken mit im Blick haben. Es sollte betont werden, dass das Kind für angemessenes Verhalten gezielt Fähigkeiten aufbauen muss und hierzu die größtmögliche Unterstützung benötigt. Empfehlenswert ist dabei folgendes Vorgehen:

- Auf der Basis von Beobachtungsdokumentationen und ersten Handlungsvorschlägen der pädagogischen Fachkraft sowie den Beobachtungen und Vorschlägen der Eltern wird ein gemeinsames Maßnahmenpaket überlegt.
- Die endgültigen Maßnahmen sowohl in der Kita als auch im Elternhaus werden verbindlich festgelegt.
- Gespräche werden in regelmäßigen Abständen geführt, um den Erfolg des eingeschlagenen Weges zu beurteilen und eine Entscheidung darüber zu treffen, ob die Maßnahmen beibehalten werden oder verändert werden müssen.
- Es wird eine Entscheidung darüber getroffen, ob zusätzliche Hilfsmaßnahmen erforderlich sind, wie diagnostische Abklärung bei Fachärzt:innen, Hinzuziehung von Erziehungsberatung, Frühförderung etc.

Für den Erfolg dieser Gespräche ist es wichtig, dass die pädagogischen Fachkräfte den Eltern deutlich vermitteln, dass ihr Kind in der Kita willkommen ist:

Beispiel

Die pädagogische Fachkraft eröffnet das Gespräch: Frau Fischer, schön, dass Sie gekommen sind, damit wir über Maxi sprechen können. Vorab möchte ich sagen, dass wir Maxi sehr, sehr gerne bei uns haben. Er ist ein fröhlicher, quirliger Junge, der sich gut bei uns eingelebt hat. Momentan sind wir besorgt, weil er jetzt schon mehrfach andere Kinder gebissen hat. Natürlich wissen wir, dass viele Kinder in diesem Alter hin und wieder beißen. Wir möchten uns das heute zusammen mit Ihnen genauer anschauen und uns darüber austauschen, wo Sie und wo wir mögliche Gründe vermuten. Wir möchten Maxi gemeinsam mit Ihnen sehr gerne helfen, mit dem Beißen aufzuhören und andere Verhaltensweisen aufzubauen. Ziel ist, dass wir an einem Strang ziehen und einen Handlungsplan dafür entwickeln."

Die Schuldfrage im geteilten Betreuungsfeld

Manchmal wird die „Verantwortung" oder gar „Schuld" für das Beißen eines Kindes zwischen Eltern und Kita hin- und hergeschoben. Genau wie die Eltern vermuten können, dass in der Kindertageseinrichtung Schwierigkeiten bestehen, dem Beißen auf eine angemessene Weise zu begegnen, mutmaßen Fachkräfte des Öfteren, dass die eigentlichen Ursachen für das Beißverhalten in der Familie liegen.

Beispiel

Das Team der Kita „Am Sonnenhaus" berät über das Beißverhalten von Julika. Frau Krause, die Bezugspädagogin, äußert in der Teamsitzung: „Ich habe den Eindruck, dass es in der Ehe der Eltern von Julika kriselt. Wahrscheinlich agiert Julika über das Beißen die Beunruhigung und Belastung darüber aus!"

Es kommt verhältnismäßig häufig vor, dass in Kitas Vermutungen dieser Art angestellt werden. Aus der sozial-psychologischen Forschung zum Übergang von der Partnerschaft in die Elternschaft/Familiengründung ist bekannt, dass bei 80 Prozent aller Paare in den ersten fünf Jahren nach der Geburt des ersten Kindes die Partnerschaftszufriedenheit deutlich absinkt (Reichle & Franiek 2008; Schneewind & Kruse 2002). Krisen und partnerschaftliche Belastungen sind von daher eher die Regel als die Ausnahme bei den Eltern von jungen Kindern. Bei jedweder Auffälligkeit könnten dann Konflikte des Elternpaars als mögliche Ursache für schwierige Verhaltensweisen wie Beißen herangezogen werden.

Die Schuldzuweisung für das Beißen an die Adresse der Eltern führt oft dazu, dass die Kita die möglichen Ursachen im eigenen Haus nicht ausreichend analysiert. Besonders wenn das Beißverhalten ausschließlich in der Einrichtung auftritt, muss auch in der Einrichtung nach Antworten auf das problematische Verhalten gesucht werden. Denn selbst wenn die Eltern ihre Partnerschaftskonflikte offenlegen und mitteilen, dass sie Familienberatung in Anspruch nehmen, muss darin nicht zwangsläufig der Grund für die Beißvorfälle in der Kita liegt. Es ist möglich, dass eine Partnerschaftskrise vorliegt, das Beißen aber dennoch nicht dadurch verursacht ist, sondern aufgrund von Frustrationen im Kita-Alltag auftritt.

Die pädagogische Fachkraft muss in jedem Fall eine Reaktion zeigen, wenn ein Kind ein anderes beißt. Sie braucht Strategien, um in der akuten Situation in der Kita, noch dazu im Gruppenkontext, handlungsfähig zu sein. Und sie braucht weitere Strategien, um ein Kind, das wiederholt beißt, auf längere Sicht zu begleiten. Unter dieser Perspektive kann die Bearbeitung der Partnerschaftskonflikte in der Familie ein möglicher wichtiger Baustein in einem Maßnahmenbündel sein, das auf einen Gesamtabbau möglicher Stressoren ausgerichtet ist. Doch es reicht nicht aus, die Bearbeitung der Problematik allein an das Elternhaus zu delegieren.

8.

Als Institution professionell mit Beißvorfällen umgehen: Fachkräfte – Leitung – Träger

Die pädagogischen Fachkräfte benötigen Rückhalt bei der Leitung und beim Träger, wenn Beißverhalten ein Problem in der Einrichtung geworden ist

8.1 Pädagogische Haltung und professioneller Umgang mit Emotionen

Wenn junge Kinder beißen, bringt das auch die Erwachsenen in Not. Daher ist es verständlich, wenn pädagogische Fachkräfte Fragen aus der Kategorie „Was soll ich nur tun?“ stellen und sich Rezepte für den Umgang mit herausfordernden Verhaltensweisen wünschen. Neben der grundsätzlichen pädagogischen Analyse und Reflexion von Situationen in der Kita und einem Portfolio verschiedener Strategien sind auch die Emotionen der Pädagoginnen und Pädagogen für einen gelingenden Umgang von Bedeutung: Hilflosigkeit, Frustration, Ärger und Machtlosigkeit treten gerade beim Thema Beißen häufig auf. Um mit den Emotionen der Kinder angemessen umgehen zu lernen, müssen auch die eigenen Gefühle reflektiert und verstanden werden.

Die unterschiedlichen Perspektiven, die in einem Team in Bezug auf das Beißen von jungen Kindern bestehen, beeinflussen entscheidend die Art und Weise, wie in einer Einrichtung mit dem Thema Beißen umgegangen wird. Das Antwortverhalten von pädagogischen Fachkräften hängt von vielen Faktoren ab, auch von ihrem kulturellen Hintergrund und der eigene Persönlichkeit mit der spezifischen Geschichte, die sie einbringen.

Eine Fachkraft hat es dabei grundsätzlich mit zwei Kindern zu tun: mit dem Kind in sich und dem Kind vor sich. Sie bringt ihre emotionalen Skripts mit, die sich im Laufe ihrer persönlichen Biografie entwickelt haben. Diese inneren Skripts beeinflussen das tägliche pädagogische Handeln und können unterstützend oder einschränkend in der Arbeit mit den Kindern wirken. Pädagogische Fachkräfte müssen daher ihre emotionalen Skripts kennen und reflektieren. Dies betrifft Gefühle von Ohnmacht, Scham und Hilflosigkeit genauso wie einen problematischen Umgang mit Macht, mit „humorvollem“ Necken und „Aufziehen“ oder mit ironischen und sarkastischen Äußerungen (Jacobson 2008). Fortgesetztes Beißverhalten eines Kindes kann aufseiten manch einer pädagogischen Fachkraft dazu führen, dass sie extreme Wut empfindet, aber auch Ohnmacht, weil sich das Beißverhalten nicht einfach abstellen lässt. Sie nimmt das Kind nur noch als „Beißkind“ wahr. Subtile Aggressivität oder auch ungefilterte Ausbrüche von Zorn werden hier des Öfteren berichtet. Viele pädagogische Fachkräfte haben großes Mitleid mit den Kindern, die gebissen werden. Einige geben den Eltern darum insgeheim recht, die fordern, dass „so ein Kind“ hart bestraft werden oder ausgeschlossen werden sollte. Ungeeignete oder gar grenzverletzende Methoden können daraus folgen und stehen für eine unreflektierte Praxis.

Die Folgen unterschiedlicher Haltungen im Team

Nach Kinnell (2019) führen unterschiedliche Haltungen von Teams auch zu unterschiedlichen Maßnahmen:

- Teams, die eine Verhaltensstörung als Ursache für das Beißen vermuten, greifen eher zu disziplinarischen Methoden wie Bestrafungen, Time-outs etc.
- Teams, die das Beißen, insbesondere von Kleinkindern, für unvermeidlich halten, nehmen an, dass sie nichts tun können, und versuchen daher häufig das Problem auszusitzen und abzuwarten. Die Eltern sind dann in aller Regel äußerst aufgebracht, viele Kinder verstört. Niemand unternimmt aber wirklich etwas.

Eine Institution wie die Kita muss sich auf klare Standards im Umgang mit Beißen verständigen. Und diese Standards müssen von allen – den Fachkräften, der Leitung und dem Träger – mitgetragen werden.

8.2 Beobachtung – Kollegiale Beratung – Supervision

Die Unterstützung der pädagogischen Fachkräfte im Gruppendienst durch Leitung und Träger ist beim Thema Beißen unabdingbar. Einrichtungsleitung und Träger müssen Sorge dafür tragen, dass gezielte Beobachtungen in der Gruppe stattfinden und dass das Team Möglichkeiten findet, die Herausforderung professionell anzugehen.

Einrichtungsleitung und Träger sollten darüber hinaus Maßnahmen ergreifen, um die Professionalisierung des Teams zu unterstützen. Die Beobachtung

- des Kindes,
- der Kind-Kind-Interaktionen und
- der Fachkraft-Kind-Interaktionen

kann nur auf der Basis eines umfänglichen Fachwissens zur Problematik des Beißens erfolgen. Nur wenn dieses tatsächlich vorhanden ist, kommt es infrage, dass die Gruppenfachkräfte die Beobachtung selbst durchführen. Auch sollte die Einrichtung bedenken, dass die Maßnahme der Beobachtung durch das eigene Team – insbesondere bei personalen Engpässen – häufig ausfallen könnte, wodurch der Handlungsplan erst deutlich verzögert oder gar nicht erstellt werden kann. Oft erweist es sich deshalb als erheblich zielführender und wirkungsvoller, wenn eine entsprechend geschulte Fachperson von außen die Beobachtung in der Gruppe durchführt und anschließend Supervision für das Team anbietet. Blinde Flecken im System Gruppe werden so besser erkannt.

Bei der Entscheidung, ob eine Kollegiale Beratung oder Supervision von außen gewählt wird, spielen die Rahmenbedingungen und insbesondere die finanziellen Ressourcen eine wichtige Rolle. Wenn aus Kostengründen keine Außen-Supervision ermöglicht werden kann, stellt die Methode der Kollegialen Beratung so einen sinnvollen Weg für Kita-Teams dar, um über einen Beißvorfall professionell zu reflektieren und Lösungen zu suchen.

Methode der Kollegialen Beratung

Die Methode der Kollegialen Beratung wird eingesetzt, um in einer Gruppe von Gleichrangigen berufliche Probleme und Herausforderungen zu beraten. Die Methode folgt einem klar strukturierten Ablaufschema (Kopp & Vonesch 2003; Greiner et al. 2008; Schmid et al. 2023). Durch die systematische Nutzung der im Team vorhandenen Ressourcen kann die Entwicklung eines von allen getragenen Handlungsplans zum Beißen gelingen. Das folgende Ablaufschema beruht auf den Erfahrungen der Autorin in der Arbeit mit Kita-Teams und Studierendengruppen im Bereich Kindheitspädagogik. Im Anhang (siehe Seite 108 f.) ist das Schema mit den jeweiligen Zeitangaben in tabellarischer Form zu finden, sodass es für Teamsitzungen verwendet werden kann.

Ablaufschema der Kollegialen Beratung

1. Die Rollen im Beratungsprozess werden festgelegt: Fallgeber:in, Moderator:in und damit auch Zeitwächter:in sowie Berater:innen.
2. Die Fallgeberin oder der Fallgeber stellt den Fall vor. Das Berater:innen-Team hört zu, kommentiert aber nicht.
3. Das Berater:innen-Team stellt Verständnisfragen, die die Fallgeberin oder der Fallgeber so weit als möglich beantwortet.
4. Die Teammitglieder diskutieren den Fall. Sie äußern dabei umfassend ihre Gedanken, Fantasien, Ideen, Gefühle und Bilder, die ihnen bei der Fallvorstellung gekommen sind. Annahmen und Schlussfolgerungen werden erörtert. Die Fallgeberin oder der Fallgeber kommentiert in diesem Schritt nicht und lässt das Gesagte auf sich wirken.
5. Die oder der Fallgeber:in konkretisiert nun auf der Basis des Gehörten den Fall. In dieser Zielbestimmungsphase erfolgt eine Eingrenzung, und das eigentliche Schlüsselthema wird festgelegt. Möglicherweise soll hier das Entwicklungsgespräch mit den Eltern vorbereitet oder der Ablauf bei akuten Beißvorfällen in der Gruppe bestimmt werden etc.
6. In der Lösungsphase erarbeiten die Berater:innen mögliche Vorgehens- und Verhaltensweisen zur Schlüsselthematik. Die Fallgeberin oder der Fallgeber hört wieder zu, kommentiert nicht und schaltet sich auch nicht in die Diskussion ein.
7. Die oder der Fallgeber:in bewertet anschließend die erarbeiteten Vorschläge und legt das eigene Vorgehen fest.
8. Die Kollegiale Beratung endet mit der Reflexion des Gruppenprozesses und einer Rückmeldung an die oder den Moderator:in.

Grenzen hat die Kollegiale Beratung, wenn die Motivation des Teams vor dem Hintergrund von Teamkonflikten und/oder verminderter Kollegialität eingeschränkt ist. Auch gelingt es nicht jedem Team, die Reflexion der eigenen Gefühle in den Mittelpunkt solcher Sitzungen zu stellen. Realistisch müssen zudem die Ressourcen des Teams eingeschätzt werden. Wenn es an fachlichen und/oder instrumentellen und/oder personalen Kompetenzen fehlt, können zielführende Maßnahmen nicht ergriffen werden, oder die anvisierten Maßnahmen erweisen sich als erfolglos.

Leitungen und Träger müssen hier ihre Teams sorgfältig einschätzen und abwägen, ob der Weg über die Kollegiale Beratung möglich ist. Auch das Team selbst muss diese Frage kritisch reflektieren. Grundsätzlich gilt: Ein Team sollte nicht zu lange mit dieser Methode alleingelassen werden, wenn sich kein Erfolg einstellt. Bei problematischen Teamkonstellationen ist eine qualitätsvolle Außen-Supervision unumgänglich.

Literaturverzeichnis

Ahnert, L. (2020): Wieviel Mutter braucht ein Kind? Über Bindung, Bildung und Betreuung in den ersten Lebensjahren. Weinheim, Basel: Beltz.

Ainsworth, M. D., Blehar, M. C., Waters, E. & Wall, S. (1979/2014): Patterns of attachment: A psychological study of the strange situation. New York: Taylor & Frances.

Almotairy, N. (2020): Biting and chewing behaviours in humans. Development and age-related changes. Thesis For Doctoral Degree. Verfügbar unter: https://www.researchgate.net/publication/344565533_Biting_and_chewing_behaviours_in_humans_-_Development_and_age-related_changes?channel=doi&linkId=5f81c3eb299bf1b53e1bdb6c&showFulltext=true [26.09.2023].

Ander, W. & Weddemar, S. (2002): Häute (schoen) berührt? Körperkontakt in Entwicklung und Erziehung. Dortmund: borgmann publishing.

Anzieu, D. (2022): Das Haut-Ich. Frankfurt/M.: Suhrkamp.

Ayres, A. J. (2016): Bausteine der kindlichen Entwicklung: Sensorische Integration verstehen und anwenden. Berlin: Springer.

Baumann, M., Bolz, T. & Albers, V. (2021): Verstehende Diagnostik in der Pädagogik: Verstörenden Verhaltensweisen begegnen. Weinheim: Beltz.

Benthien, C. (2001): Haut. Literaturgeschichte – Körperbilder – Grenzdiskurse. Reinbek: rororo.

Benz, C. & Jenni, O. (2015): Kindliches Sozialverhalten – Entwicklungsaufgaben und Krisen in den ersten Lebensjahren. In: Pädiatrie up2date, 10(4), S. 295–318.

Beudels, W. & Anders, W. (2014): Wo rohe Kräfte sinnvoll walten. Handbuch zum Ringen, Rangeln und Raufen in Pädagogik und Therapie. Dortmund: borgmann publishing.

Canadian Paediatric Society (2008): A bite in the playroom: Managing human bites in day care settings. Paediatr Child Health 13(6), S. 515–526. Verfügbar unter: https://www.ncbi.nlm.nih.gov/pmc/articles/PMC2532903/ [04.10.2023].

Canadian Paediatric Society (2018): Biting in child care: What are the risks? Verfügbar unter: https://caringforkids.cps.ca/handouts/behavior-and-development/biting_in_child_care [02.10.2023].

Chess, S. & Thomas, A. (2013): Temperament: Theory and Practice. London: Routledge.

Clarke-Stewart, A. & Allhusen, V. D. (2005): What we know about childcare. The developing child. Cambridge: Harvard University Press.

Dollase, R. (2015): Gruppen im Elementarbereich. Stuttgart: Kohlhammer.

Eßler, T. (2018): Knabberkiste – Beißspielzeug als Regulationshilfe. Kleinstkinder in Kita und Tagespflege, 3/2018, S. 22–23.

Greiner, H., Gutknecht, D. & Schöler, H. (2008): Drei Räume zur Reflexion der praktischen Arbeit in der Früh- und Elementarbildung. Verfügbar unter: http://www.ph-heidelberg.de/fileadmin/ms-ba-ma/Felbi/Formulare_Poster/Drei_Raeume_zur_Reflexion_der_praktischen_Arbeit.pdf [02.10.2023].

Grimm, S. (2020): Stopp! Lass mich in Ruhe!, ruft Jacob. Hamburg: Carlsen.

Grunwald, M. (2017): Homo hapticus. Warum wir ohne Tastsinn nicht leben können. München: Droemer & Knaur.

Gutknecht, D. (2010): Professionelle Responsivität. Ein hochschulbezogenes Ausbildungskonzept für den frühpädagogischen Arbeitskontext U3: Kinder unter drei Jahren und ihre Familien. Dissertation, PH Heidelberg. Verfügbar unter: http://nbn-resolving.de/urn:nbn:de:bsz:he76-opus-75225 [02.10.2023].

Gutknecht, D. (2017): Kulturelle Responsivität der pädagogischen Fachkräfte - Alltagsroutinen bei Klein(st)kindern mit Zuwanderungsgeschichte. In: C. Förster & E. Hammes di Bernardo (Hrsg.): Leben(s)träume schaffen im interkulturellen Dialog (S. 23-30). Freiburg: Herder.

Gutknecht, D. (2018a): Responsive Gestaltung von Mikrotransitionen in der inklusiven Kita. Verfügbar unter: https://www.kita-fachtexte.de/texte-finden/detail/data/responsive-gestaltung-von-mikrotransitionen-in-der-inklusiven-kita/ [25.09.2023].

Gutknecht, D. (2018b): Wenn das „Haut-Ich" verletzt wird: Professioneller Umgang mit dem Beißverhalten von Kleinkindern in der Kita. Verfügbar unter: https://www.kita-fachtexte.de/de/fachtexte-finden/wenn-das-haut-ich-verletzt-wird-professioneller-umgang-mit-dem-beissverhalten-von-kleinkindern-in-der-kita [25.10.2023].

Gutknecht, D. (2024 im Druck.): Bildung in der Kinderkrippe. Wege zur Professionellen Responsivität. Stuttgart: Kohlhammer.

Gutknecht, D. & Kramer, M. (2018): Mikrotransitionen in der Kinderkrippe. Übergänge im Tagesablauf achtsam gestalten. Freiburg: Herder.

Haug-Schnabel, G. (2012): Der Umgang mit Aggression ist eine Entwicklungsaufgabe. Konflikte sind Teil der Kooperation – nicht ihr Gegensatz. In: A. M. Karcher & K. Lauermann (Hrsg.): Die Macht der Aggression, 5 (S. 47–65). Wien: G & G.

Haug-Schnabel, G. & Wehrmann, I. (2012): Raum braucht das Kind. Anregende Lebenswelten für Krippe und Kindergarten. Berlin: verlag das netz.

Haug-Schnabel, G. (2020): Umgang mit aggressivem Verhalten von Kindern. Praxiskompetenz für Kitas. Freiburg: Herder

Hauser, B. (2016): Spielen. Frühes Lernen in Familie, Krippe und Kindergarten. Stuttgart: Kohlhammer.

Holodynski, M. (2006): Emotionen – Entwicklung und Regulation. Heidelberg: Springer.

Howes, C. (2011): Children's social development within the socialization context of child care and early childhood education. In: P. K. Smith (Hrsg.): The Wiley-Blackwell handbook of childhood social development (S. 246–262). Chichester: Blackwell.

Jacobson, T. (2008): Don't get so upset! Help young children manage their feelings by understanding your own. Yorkton Court: Redleaf.

Jenni, O. & Latal, B. (2009): Verhaltensauffälligkeiten im Vorschulalter. Kinderärztliche Praxis, 80(3), S. 3–7.

Kinnell, G. (2008): No biting. Policy and practice for toddler programs. Yorkton Court: Redleaf

Kinnell, G. (2019): No biting. Solutions and Support for Toddler Programs. Yorkton Court: Redleaf.

Kopp, R. & Vonesch, L. (2003): Die Methodik der Kollegialen Fallberatung. In: H.-W. Franz & R. Kopp (Hrsg.): Kollegiale Fallberatung. State of the art und organisationale Praxis (S. 53–92). Bergisch Gladbach: EHP.

Largo, R. H. & Jenni, O. G. (2005): Das Zürcher Fit-Modell. Familiendynamik 30(2), Seite 111–127.

Lipponen, L. (2016): Constituting Cultures of Compassion in Early Childhood Educational Settings. In: S. Garvis (Hrsg.): Nordic Children and Families. Draft verfügbar unter: https://www.researchgate.net/publication/306132620_Cultures_of_Compassion [02.10.2023].

Macknin, M. L., Piedmonte, M., Jacobs, J. & Skibinski, C. (2000): Symptoms associated with infant teething: A prospective study. Pediatrics, 105(4), S. 747–752.
Malenfant, N. (2006): Routines & transitions. A guide for early childhood professionals. St. Paul, USA: Redleaf.
Mayer, A. & Gutknecht, D. (2022): Kinder mit internalisierenden und externalisierenden Störungen in Kindertageseinrichtungen – eine angemessene Differenzierung? In: nifbe (Hrsg.): Jedes Verhalten hat seinen Sinn. Herausfordernden Kindern in der KiTa begegnen (S. 59–83). Freiburg: Herder.
McDonnell, A., Sturmey, P., Oliver, C., Cunningham, J., Hayes, S., Galvin, M., Walshe, C. & Cunningham, C. (2008): The effects of staff training on staff confidence and challenging behavior in services for people with autism spectrum disorders. Research in Autism Spectrum Disorders 2(2), S. 311–319.
Merkle, T. & Wippermann, C. (2008): Eltern unter Druck. Selbstverständnisse, Befindlichkeiten und Bedürfnisse von Eltern in verschiedenen Lebenswelten. Stuttgart: Lucius & Höhne.
Montagu, A. (1982/2019): Körperkontakt. Die Bedeutung der Haut für die Entwicklung des Menschen. Stuttgart: Klett-Cotta.
Papoušek, H. & Papoušek, M. (1995): Vorsprachliche Kommunikation: Anfänge, Formen, Störungen und psychotherapeutische Ansätze. In: H. G. Petzold (Hrsg.): Die Kraft liebevoller Blicke (S. 123–142). Paderborn: Jungfermann.
Poelle, L. (2019): The biting solution. The Expert's No-Biting Guide for Parents, Caregivers, and Early Childhood Educators. Washington: Parenting Press.
Reichle, B. & Franiek, S. (2008): Auch positive Ereignisse erfordern Bewältigung: Prävention von Partnerschaftsproblemen nach dem Übergang zur Elternschaft. In: J. Borke & A. Eickhorst (Hrsg.): Systemische Entwicklungsberatung in der frühen Kindheit (S. 273–293). Stuttgart: UTB.
Schmid, B., Veith, T. & Weidner, I. (2023): Einführung in die kollegiale Beratung. Heidelberg: Carl-Auer.
Schneewind, K. A. & Kruse, J. (2002): Die Paarklimaskalen (PKS). Bern: Huber.
Seeger, D. & Holodynski, M. (2022): Bildung in der Kita organisieren (BIKO). Stuttgart: Kohlhammer.
Singh, N. & Duraiappah, A. K. (2021): Building Kinder Brains. New Delhi: UNESCO Mahatma Gandhi Institute of Education for Peace and Sustainable Development (MGEP). Verfügbar unter: https://unesdoc.unesco.org/ark:/48223/pf0000379190 [25.10.2023].
Solomons, H. C. & Elardo, R. (1991): Biting in day care centers: Incidence, prevention, and intervention. Journal of Pediatric Health Care, 5(4), S. 191–196.
Theunissen, G. (2023): Positive Verhaltensunterstützung: Eine Arbeitshilfe für den pädagogischen Umgang mit herausforderndem Verhalten bei Kindern, Jugendlichen und Erwachsenen mit Lernschwierigkeiten, sogenannter geistiger oder mehrfacher Behinderung. Marburg: Lebenshilfe-Verlag.
Uvnäs-Moberg, K. (2016): Oxytocin, das Hormon der Nähe: Gesundheit - Wohlbefinden - Beziehung. München: Springer.
Wesuls, R., Heinzmann, T. & Brinker, L. (2005): Professionelles Deeskalationsmanagement (ProDeMa). Praxisleitfaden zum Umgang mit Gewalt und Aggression in den Gesundheitsberufen. Verfügbar unter: https://www.gesundheitsdienstportal.de/risikouebergriff/infoplus/5_4_3b.pdf [25.10.2023].

Winnicott, D. W. (1969): Übergangsobjekte und Übergangsphänomene. Eine Studie über den ersten, nicht zum Selbst gehörenden Besitz. Psyche, 23(9), S. 666–682.
Waldenfels, B. (2016): Antwortregister. Frankfurt: Suhrkamp.

Anhang

- Alle Kopiervorlagen im Anhang stehen im A4-Format zum Download zur Verfügung: www.herder.de/extras

Bericht über besondere Vorfälle in der Kita

Name des Kindes: .... Alter: ....

Datum: .... Wochentag: .... Uhrzeit: ....

Ort: .... Typ des Vorfalls: ....

Situationsbeschreibung:

Beschreibung von Verletzungen:

Welche Maßnahmen/Erste Hilfe wurden angeboten?

Name der Ärztin/des Arztes, die/der benachrichtigt wurde, und Empfehlungen:

Unterschrift Gruppenleitung: .... Datum: ....

Unterschrift Leitung: .... Datum: ....

Unterschrift Erziehungsberechtigte:r: .... Datum: ....

Analysefragen zu einem Beißvorfall in der Kita

Was hat sich direkt vor dem Beiß-verhalten des Kindes ereignet?	
Wie verhält sich das Kind? Was macht es genau?	
Was hat sich direkt nach dem Beißvorfall ereignet?	
Wer hält sich in der Nähe des Kindes auf? Gibt es Schlüsselpersonen, andere Kinder und Erwachsene, die „zufällig“ immer da sind?	
Wo ereignet sich die Auffalligkeit (immer im Waschraum, immer in der Garderobe ...)?	
Welche Arbeitsmaterialien werden in der Situation genutzt? (Was sieht, hört, fühlt das Kind?)	
Wann tritt die Auffälligkeit auf? Lassen sich Rückschlüsse auf eine unangemessene Tagesstruktur ziehen? Auf Übermüdung? Auf Hunger? Tritt das Verhalten immer zu einer bestimmten Tageszeit (immer am Morgen, immer am Mittag ...) auf?	
Welche Konsequenzen ergeben sich? (Erlebt das Kind stets eine Belohnung für das Beißverhalten in Form von Zuwendung, Körperkontakt? Wie lässt sich Zuwendung auf andere Weise sicherstellen?)	

Muster für einen Elternbrief: Beißen in der Kindergruppe
(nach Gutknecht 2010)

Liebe Eltern,

wie Sie wissen, sind Fälle von „Beißen“ in unserer Gruppe aufgetreten. Beißen ist bei Kindern zwischen zwölf Monaten und drei Jahren nicht selten. Wir sind daher darauf vorbereitet, dass es zu Verhaltensweisen wie diesen in einer Kindergruppe kommen kann, und verfügen über eine Reihe von Strategien, um hier gezielt einzugreifen. Wir möchten, dass kein Kind in unserer Einrichtung gebissen wird! Die Sicherheit der Kinder, ihr Trost und ihre Unterstützung stehen daher für uns an erster Stelle. Den Kindern, die beißen, müssen wir mit spezifischen Maßnahmen helfen, damit sie angemessenere Verhaltensweisen erlernen können. Wir werden in folgender Weise mit dem Phänomen umgehen:

1. Wir benachrichtigen Sie, wenn Ihr Kind gebissen wurde. Bei der Versorgung der Wunde Ihres Kindes benutzen wir Kühlpackungen, wenn die Haut nicht verletzt ist. Ansonsten reinigen wir die Wunde und versorgen sie mit einer Kompresse. Wir erstellen immer einen Bericht, der sowohl von der Gruppenleitung als auch der Einrichtungsleitung unterschrieben wird und von dem Sie eine Kopie erhalten.

2. Wir benachrichtigen Sie, wenn Ihr Kind ein anderes Kind gebissen hat. Wir möchten Sie bitten, uns zu informieren, falls Ihr Kind auch zu Hause beißt. Möglicherweise tritt das Verhalten nur bei uns in der Einrichtung auf. Aber es ist wichtig, dass wir eng zusammenarbeiten, um die Gründe für das Beißen herauszufinden und zielführende Maßnahmen zu ergreifen. Wir lehnen Maßnahmen ab, die das Kind in Angst versetzen oder das unerwünschte Verhalten verstärken.

3. In der Gruppe werden alle Maßnahmen verstärkt, die präventiv genutzt werden können, um Beißen zu verhindern. Hierzu gehören:

    - ein verstärktes Angebot an Materialien zur Sinneserfahrung
    - das gezielte Anbieten von Mundspielzeug
    - die Anschaffung identischer Exemplare von besonders begehrten Spielsachen, um die Frustration möglichst gering zu halten
    - eine Intensivierung der Sprach- und Kommunikationsförderung, insbesondere um Gefühle wie Frustration und Ärger mit Worten oder Gestik ausdrücken zu lernen
    - Veränderung des Tagesablaufs, indem wir zwei Mal täglich mit den indern nach draußen gehen, da dort das Beißen bisher noch nicht aufgetreten ist

Wir haben die Erfahrung gemacht, dass es effektiver ist, positive Maßnahmen zu nutzen, um das Beißen zu beenden. Wenn Sie Fragen haben oder weiterhin besorgt sind, wenden Sie sich bitte vertrauensvoll an uns.

Mit freundlichen Grüßen

M. Muster, Gruppenleitung M. Muster, Einrichtungsleitung

Entwicklungsgespräch im Kontext Beißen

Gemeinsame Strategiensuche im geteilten Betreuungsfeld

Grenzen setzen – Umgang mit Beißen Erfahrungen mit Grenzsetzungen zu Hause, im Kindergarten, an anderen Orten? Reaktionen auf Beißen? Beißspiele? Beißt das Kind Eltern, Geschwister, andere Kinder und Erwachsene? Zu bestimmter Tageszeit, in bestimmten Situationen?	
Sprache und Kommunikation Strategien zur sprachlichen Bildung? Wortschatz für Gefühle, zum Streiten, Streitgestik? Frustration über fehlende verbale und nonverbale Ausdrucksmöglichkeiten?	
Grundbedürfnisse Sind die Grundbedürfnisse (z. B. Hunger, Durst, Schlaf, Anregung/Herausforderungen) des Kindes gut abgestimmt im geteilten Betreuungsfeld von Familie und Kita?	
Stress Welche Situationen lösen Stress aus? Woran lässt sich Stress beim Kind erkennen? Betreuungsverhältnisse? Tagesablauf? Ruhe- und Anregungsphasen? Rückzugsorte? „Entspanntes Feld“ gegeben? Unterforderung? Überforderung?	

Zahnen? (Mund-)Motorik? Sensorische Bedürfnisse? Hat das Kind genügend Möglichkeiten, körperliche Unruhe über sensorische Spiele oder Bewegung auszugleichen?	
Seelische Belastungen Belastungen zu Hause (z. B. Trennung der Eltern, Geburt eines Geschwisterkindes)? Belastungen in der Kita: Ausgrenzungserfahrungen? Statusverlust?	

Ablaufschema zur Kollegialen Beratung im Kita-Team

Rollenzuweisung	5 Min.	Folgende Rollen werden festgelegt: Fallgeber:in Moderator:in (überwacht auch die Zeit) Berater:innen
Fallbeschreibung	15 Min.	Fallgeber:in stellt den Fall vor. Berater:innen hören zu, kommentieren nicht, achten neben dem Inhalt auch auf Stimme, Tonfall, Mimik, Gestik und Haltung der Fallgeberin oder des Fallgebers. Wie wird etwas berichtet? Was löst der Bericht in mir aus?
Nachfrage-Phase	5 Min.	Die Teammitglieder stellen Fragen zur Klärung der Sachlage, schließen Informationslücken, bewerten und diskutieren aber noch nicht. Fallgeber:in beantwortet noch offene Fragen.
Analyse-Phase	20 Min.	Fallgeber:in hört zu, kommentiert nicht. Teammitglieder diskutieren gemeinsam den Fall, stellen ihre Gedanken, Ideen, Gefühle, Fantasien, Bilder, Metaphern, Annahmen und Schlussfolgerungen zur Verfügung.

Zielbestimmung	15 Min.	Fallgeber:in konkretisiert auf der Basis des Gehörten die wesentlichen Schwierigkeiten mit dem Fall und legt das eigentliche Schlüsselthema fest.
Lösungs-Phase	20 Min.	Die Teammitglieder erarbeiten im Sinne einer Ideenbörse mögliche Vorgehens- und Verhaltensweisen zur Schlüsselthematik. Fallgeber:in hört zu, kommentiert nicht.
Bewertung der Lösungsvorschläge	10 Min.	Fallgeber:in nimmt zu den Vorschlägen Stellung und legt das Vorgehen für sich fest.
Prozessreflexion	10 Min.	Die Gruppe reflektiert den Beratungsprozess und das Ergebnis. Moderator:in erhält ein Feedback.

Spielkontakte in der Gruppe

Name des Kindes: .... Alter: ....

Name Beobachter:in: .... Datum: ....

Bitte Spielpartner:in eintragen und Kommentar zur Art des Kontaktes:

Spielkontakte von

....

Dank

In den Diskussionen des *Frühpädagogik Netzwerks QuiKK, Qualität in Kinderkrippen und in der Kindertagespflege* am Standort Freiburg hat dieses Buch zum Beißverhalten von Kindern seinen Anfang genommen.

Das Netzwerk QuiKK ist 2012 als Kooperation zwischen der Evangelischen Hochschule Freiburg und der Stadt Freiburg gegründet worden. Inzwischen hat sich QuiKK zu einem Praxis-Forschungs-Netzwerk mit regionaler, nationaler und internationaler Orientierung weiterentwickelt. Über 500 Fachkräfte aus dem In- und Ausland beteiligen sich heute am Austausch.

Mein Dank für die Unterstützung des Netzwerks geht an Rektorin Prof.in Dr.in Renate Kirchhoff, EH Freiburg, und an die Mitglieder der Steuerungsgruppe: Gabriele Wesselmann, Amt für Kinder, Jugend und Familie in Freiburg, und Christa Zink, Amt für städtische Kindertageseinrichtungen, Freiburg, Ellen Biesenbach, Geschäftsführerin der Uni-Kitas Freiburg, und Anett Röling, Jugendhilfswerk Freiburg.

Für die Unterstützung der zweiten Auflage des Buches

- geht ein besonderer Dank an Tineke Eßler, Leitung der Kita „Konfettinest“ (Verein für Kinder e. V.) aus Oldenburg, und ihrem Team für die Entwicklung der „Oldenburger Knabberkiste“ auf der Basis der Praxisvorschläge der ersten Auflage dieses Buches.
- Weiterer Dank für Gespräche, Anregungen & Co gebühren Birgit Brombacher, Kita-Leitung Brühl/Baden, Karin Ehinger, ehemals Fachberaterin Stadt Freiburg, und Heidrun Jansen-Czaja, Stellvertretende Vorständin des Ev. Kitaverbandes Mitte-West, Berlin.
- Dank an die Kolleginnen aus der internationalen Pikler-Community für Anregungen und Impulse zur Thematik, Dr.in Katherine Bussey, Deakin University, Melbourne (Australien), Charlotte Vallance, York (UK), und Christine Bader, Stuttgart.
- Danke, Roswitha Gräter-Haas, ehemals Gesamtleitung Kinderhaus Betzenried, Reutlingen, in deren Einrichtung die einfühlsamen Fotos der Tübinger Fotografin Gudrun de Maddalena entstanden sind, für weiterführende Gespräche zur zweiten Auflage des Buches.

Dank auch an alle, die mich mit Hinweisen und Anregungen schon in der Erstauflage unterstützt haben. Besonders seien genannt:

- Kindheitspädagogin Maria Kamphans, die die wunderschönen Boo-Boo-Bunnys zum Trösten angefertigt hat
- Dr.in Gabriele Haug-Schnabel und Dr. Joachim Bensel, beide Forschungsinstitut Verhaltensbiologie des Menschen in Kandern, für Gespräche und Unterstützung
- Freiburger Kinderarzt und Neonatologe Dr. Roland Fressle, der den medizinischen Teil zur Versorgung von Bissverletzungen durchgesehen hat